변호사가 읽어 주는 쉬운 상속법

변호사가 읽어 주는
쉬운 상속법

- 이충호 지음 -

좋은땅

누구나 상속을 한다.
사람은 죽어서 이름만 남기지 않는다!!

대한민국에 터를 잡고 살아왔다면, 돈이 있으면 있는 대로, 없으면 없는 대로 빚이든 재산이든 무엇이든지 상속을 하게 됩니다.

따라서 망인이 재산가였다면, 상속인들은 자신이 상속받을 재산과 상속에 따른 세금 등을 신경 써야 하고, 망인이 빈자였다면 상속인들은 혹시 망인이 남긴 채무가 있는지 알아보아, 상속재산의 포기나 한정승인 등을 신경 써야 합니다. 지금도 각인의 다양한 인생만큼 여러 모습의 상속으로 인하여 수많은 다툼과 문제들이 발생하고 있습니다.

따라서 상속제도에 대하여 잘 알고 대비해 두어야 함에도, 그렇지 못하는 사람이 대부분이며, 상속이 발생한 후에야 당혹감과 황망함 속에 인터넷에 검색어를 두드리거나 전문가들을 찾아다니느라 진이 빠지기 일쑤입니다. 그러나 검색하거나 전문가를 찾아가 도움을 받더라도 상속에 관한 기초지식이 있어야 전문가들이 하는 말을 이해하고 무엇을 물어보아야 할지 알며, 효과적으로 도움을 받을 수 있는 것입니다. 전문가의 도움을 받을 때는 시간이 돈입니다!

이 책은 상속에 관심이 있는 독자들에게 우리 법상 상속제도 전반을 소개하고 상속 과정에서 발생할 수 있는 다양한 문제와 상담 사례를 제공함으로써, 독자들이 상속제도를 이해하고 이를 미리 준비하고, 상속 과정에서 부딪힐 수 있는 문제들에 대해 해결의 실마리를 얻으며 상속의 각 과정에서 독자가 최선의 결정을 내릴 수 있도록 돕는 것에 목적이 있습니다.

특히 상속 관련한 기존의 책들은 상속 관련하여 사례별로 각 주제를 나열하는 것에 그쳐 책을 읽더라도 상속제도 전반을 이해하기는 쉽지 않은 한계가 있었습니다.

그러나 이 책은 민법 및 상속세법의 조문을 중심으로 하여, 민법상 상속제도 및 세법상 상속세 관련된 전반적인 내용을 빠짐없이 다루어 이 책만으로도 상속법 및 상속세법을 충분히 이해할 수 있도록 구성되어 있으며, 저자의 상담사례 등을 기초로, 문제가 될 수 있는 다양한 사례들도 풍부히 제시하고 있어, 쉽고 재미있게 상속에 접근할 수 있도록 하고 있습니다.

이 책을 통하여 상속에 관심 있는 일반인들은 상속 관련한 의문들을 해소하며, 상속 문제를 다룸에 있어 일반적이고 기초적인 지식을 갖출 수 있으며, 가족 간의 원만한 관계를 유지하며 상속 문제를 해결하고자 하는 분들에게도 큰 도움이 될 것입니다. 또한 상속세법에 대한 기초지식을 갖추고자 하는 변호사, 법무사나 민법상 상속제도를 알고자 하는 회계사, 세무사에게도 이 책이 도움이 될 것입니다.

추천사

현대 사회는 부모의 재산이나 여러 여건의 상속에 대하여 매우 민감한 시대이다. 이 책은 세금으로 인하여 고초를 당하거나 상속인들 사이에서 일어날 수 있는 일들에 대하여 사례를 중심으로 일반인들도 쉽게 이해할 수 있도록 법조문을 들어 설명한 저서이다. 상속에 관련된 제문제를 갖고 있는 분들에게 큰 도움이 될 것이라 생각되며 이 저서를 추천하는 바이다.

- **김분한**, 한양대학교 명예교수

상속제도는 모두가 대상이 될 수 있지만, 민법과 세법 등 관련된 내용들의 복잡성 때문에 일반인들이 쉽게 이해하기 어려울 수 있습니다. 《변호사가 읽어 주는 쉬운 상속법》은 조세실무와 석·박사 학위과정, 그리고 로스쿨 겸임교수와 공공기관 자문위원 등 조세법에 대한 풍부한 실무와 학술적 경력을 갖고 있는 이충호 변호사가 집필한 상속법에 대한 설명서입니다. 이 책은 상속제도에 대한 큰 그림과 구체적 사례까지 망라함으로써, 세법과 민법 등 세무문제와 법률문제를 아우르는 전반적 통찰력을 주는 책으로 판단됩니다. 이 책은 상속제도의 이해가 부족한 일반인부터, 조세 분야를 공부하는 로스쿨 학생, 그리고 전문적 조세 관련 자문 업무를 수행하는 변호사와 세무사, 회계사들까지 모두에게 도움이 될 것이라고 판단되어 적극 추천합니다.

- **이재은**, 홍익대 경영대학 교수/한국·미국 공인회계사

누구나 상속을 합니다. 재산이 많든 적든, 우리는 모두 상속과 관련된 법률문제에 직면하게 됩니다. 이 책은 상속에 대한 기본적인 이해부터 실질적인 문제 해결까지, 일반 독자들이 쉽게 접근할 수 있도록 친절하게 가이드하고 있습니다. 특히 복잡한 상속법과 상속세법을 균형 있게 다루며, 다양한 상담사례를 통해 독자들이 현명한 결정을 내릴 수 있도록 도와줍니다. 상속에 관심 있는 모든 분께 강력히 추천합니다.

- **류동훈**, 원광대 경찰·행정학과 교수/변호사

법과 상속법 분야에서 정교한 이론적 지식과 풍부한 실무 경험을 겸비하고 있다고 정평이 난 이충호 변호사가 그동안의 연구 성과를

책으로 펴내게 되어 법률가이자 절친한 동료의 한 사람으로서 반갑고, 기쁘게 생각합니다. 정확한 법리와 실무 사례를 담고 있을 뿐만 아니라, 일반인, 실무가, 학자 모두가 도움을 받을 수 있는 법서라는 점에서 의의가 큽니다. 이 책이 대한민국 세법과 상속법 발전에 기여하고, 실무에 널리 활용되기를 기대합니다.

- **안형진**, 전 서울지방변호사회 기획이사/변호사

《변호사가 읽어 주는 쉬운 상속법》은 상속에 관한 복잡한 법적, 세무적 문제를 명쾌하게 풀어낸 필독서입니다. 이충호 변호사는 법률과 세무 분야에서의 다양한 실무 경험과 전문 지식을 바탕으로, 상속법의 핵심을 이 책을 통해 알기 쉽게 설명하여 독자들이 상속 과정에서 부딪히는 문제들을 스스로 해결할 수 있도록 돕습니다. 이 책은 상속 과정에서 발생할 수 있는 다양한 문제를 실제 사례와 함께 제공하여, 독자들이 법적, 세무적 관점에서 균형 잡힌 이해를 할 수 있게 해 줍니다. 상속에 대한 기초부터 실무까지 아우르는 이 책은 상속 문제를 효과적으로 준비하고 해결하려는 모든 이들에게 강력히 추천합니다. 특히 세무와 법률의 복잡한 교차점을 이해하고자 하는 전문가들에게도 귀중한 자원이 될 것입니다.

- **오종화**, 딜로이트 안진 세무자문본부 파트너/공인회계사

목차

작가의 말   • 4

추천사   • 6

제1장 들어가며

상속의 역사   • 16

알아야 할 것   • 18

제2장 상속재산은 누가, 얼마만큼 물려받게 되는가?

1. 상속재산은 누구에게 속하여야 하는가?   • 22

2. 유언 - 상속재산을 받을 자는 상속인이 지정한다   • 25

    가. 유언의 요식성 - 유언은 법이 정한 방식에 따라야 한다   • 25

    나. 유언의 방식   • 27

        1) 쓰는 방식   • 28

        2) 말하는 방식(녹음에 의한 유언)   • 31

        3) 혼합 방식   • 32

다. 유언의 집행 · 40

3. 법정 상속인과 상속분 - 유언이 없을 경우에는? · 43
　가. 상속인은 누구인가?(상속 순위) · 43
　　1) 상속결격 - 상속인이지만 상속인이 되지 못한 · 43
　나. 상속순위의 예외 · 48
　　1) 상속결격 - 상속인이지만 상속인이 되지 못한 · 48
　　2) 대습상속과 동시사망의 추정
　　　- 상속인이 사망하였을 경우의 상속 · 50
　다. 상속의 범위 · 55
　　1) 포괄승계의 원칙 - 빚과 재산을 상속분에 따라 모두 받는다 · 55
　　2) 법이 정한 상속분 - 그렇다면 상속분은 어떻게 되는가? · 59
　　3) 상속재산의 분할 - 상속재산의 최종 귀속 · 60
　　4) 특별수익자와 기여분 - 재산분할시 특별한 사정의 고려 · 67
　　5) 유류분 - 재산처분 자유의 예외 · 71

제3장 상속!! 받을 것인가, 말 것인가?

1. 단순승인 - 빚보다 상속재산이 많다면? · 80

2. 상속포기와 한정승인 - 빚이 상속재산보다 많다면? · 83
　가. 상속포기 · 83
　　1) 상속포기란? - 상속포기의 효과 · 83
　　2) 상속포기는 언제까지, 어떻게 하여야 하는가?
　　　- 상속포기의 방법, 기간 · 86

　　나. 한정승인　　　　　　　　　　　　　　　　　　　　　• 93

　　　　1) 한정승인이란? - 한정승인의 효과　　　　　　　　• 93

　　　　2) 한정승인은 언제까지, 어떻게 하여야 하는가?

　　　　　 - 한정승인의 방법, 기간　　　　　　　　　　　• 96

　　　　가) 한정승인의 신고

　　　　나) 신문공고 및 통지

　　　　다) 청산 및 파산신청

3. 상속재산의 관리

　 - 상속 승인이나 포기, 한정승인 전까지의 상속인의 의무　• 112

제4장 알아 두면 돈이 되는 상속세법

1. 상속세란 무엇인가? 왜 상속세를 내는 것인가?　　　　　• 116

2. 상속세 계산 기본의 이해와 상속재산　　　　　　　　　• 119

3. 상속재산 가액의 산정　　　　　　　　　　　　　　　　• 123

4. 상속세가 늘어나거나 줄어드는 데 영향을 미치는 요소들　• 129

　 가. 상속세가 늘어나는 데 영향을 미치는 요소　　　　　• 129

　　　　1) 부동산 매도금액 등의 상속재산 추정

　　　　 - 몰래 상속해 준 것 아니야?　　　　　　　　　　• 129

　　　　2) 보험금의 상속 의제 - 보험금도 결국 피상속인이 준 것과 같다　• 130

　　　　3) 퇴직금, 퇴직수당, 공로금, 연금 등

　　　　 - 사법상 상속재산인지 불분명한 경우의 입법적 해결　• 131

4) 생전 증여한 재산

    - 살아 있을 때 물려주나, 사망 후 물려주나 같다   • 134

나. 상속세가 줄어드는 데 영향을 미치는 요소 - 빼는 항목   • 136

  1) 공익목적 또는 사회정책적 목적에 의하여 비과세 하는 재산

    - 좋은 일에 쓰는 재산은 상속세를 부과하지 않겠다   • 136

  2) 피상속인의 채무 및 공과금

    - 상속인이 얻는 실질적인 경제적 효과의 고려   • 141

  3) 배우자 공제

    - 배우자가 가지고 있던 자신의 몫을 돌려받는 것임을 고려   • 145

  4) 기초공제 및 그 밖의 인적공제 그리고 일괄공제

    - 국가가 다 세금으로 가져가고 나면 남은 가족은?   • 149

    가) 기초공제

    나) 자녀공제

    다) 연로자·장애인 공제

    라) 일괄공제 - 상속재산이 적다면 5억 원이 공제된다는 것만 기억

  5) 동거주택 상속공제

    - 분가하지 않은 자녀가 있다면 반드시 알아야 할 상속공제   • 155

  6) 그 밖에 상속세를 줄이는 요소들   • 159

    가) 금융재산 상속공제 - 부동산 재산에 비하여 불이익한 측면 고려

    나) 가업상속공제, 영농상속공제 - 가업을 물려줄 경우의 정책적 고려

5. 상속세 세율   • 165

6. 상속세 납세의무자 - 상속세는 누가, 얼마만큼 내나?   • 170

7. 세액 공제 - 세금을 두 번 내는 것을 방지하기 위한 세액 공제   • 174

가. 세금을 두 번 내는 것을 방지하기 위한 공제   • 174

1) 증여세액공제 · 174

2) 외국납부세액공제 · 177

3) 단기재상속에 따른 세액공제 · 179

8. 상속세의 신고 · 181

9. 상속세의 결정과 경정 · 185

10. 상속세의 납부 - 상속세를 한 번에 낼 돈이 없다면?
 (상속세 징수유예. 분할납부, 연부연납, 물납) · 189
 가. 분할납부 또는 연부연납 - 상속세를 나누어 낼 수 있는 제도 · 190
 나. 상속세의 물납 - 상속세를 물건으로 낼 수 있는 제도 · 193
 다. 문화재 자료 등에 대한 특례 · 197

11. 상속세의 부과 제척기간과 소멸시효
 - 상속세는 언제까지 부과되는가? · 200

12. 상속세 부과처분에 대한 불복
 - 납부고지된 상속세가 부당할 경우에는? · 205

제5장 마치며 · 211

제1장

들어가며

상속의 역사

사람이 죽으면, 그 사람이 소유하고 있던 재산은 어떻게 처리해야 될까요? 이에 대한 물음이 바로 상속 문제이며, 이러한 상속에 관한 분쟁은 인류의 역사와 함께해 왔다고 해도 과언이 아닙니다.

상속과 관련한 분쟁의 가장 오래된 예 중의 하나는 성경에서 찾을 수 있습니다. 야곱은 이삭의 둘째 아들로 쌍둥이 형 에서가 있었습니다. 그런데 이삭이 날로 쇠약해져 앞이 안 보이는 틈을 타 야곱이 에서인 척 위장하여 형인 에서가 받아야 할 장자의 상속권을 아버지로부터 대신 가져가 버립니다. 이에 에서가 분노하여 야곱을 죽이려고 하였고, 야곱은 외삼촌 라반의 집으로 쫓겨 도망가게 됩니다. 즉, 동생인 야곱이 형의 정당한 상속권을 침해하였고, 이로 인하여 형제간에 목숨을 건 다툼이 발생한 것이지요. 이렇게 보면 야곱이 나빠 보이지만 동생인 야곱도 할 이야기는 있습니다. 이 이야기를 더 살펴보면 형인 에서가 예전에 장자로서 상속을 받을 권리를 팥죽 한 그릇에 동생에게 넘겨 버리는 이야기가 나옵니다. 따라서 동생 야곱은 정당하게 상속권을 넘겨받았다고 주장할 것입니다. (뒤에 살펴볼 것이지만 우리 법은 이러한 상속권의 사전포기를 인정하고 있지 않습니다.).

한편 우리나라에서 상속과 관련한 가장 유명한 이야기 중 하나는 흥부와 놀부일 것입니다. 아시다시피 이 이야기는, 흥부의 아버지는 유언으로 형제인 흥부와 놀부에게 똑같이 유산을 나누어 줬는데, 놀부는 이러한 아버지의 유언을 무시하고 흥부의 상속권을 침해하여 아버지의 재산을 독차지하고 동생인 흥부를 쫓아내 버립니다. 이때 착한 흥부는 정당한 자신의 상속권을 주장하지 않고, 고생을 하다가 착한 일을 하여 복을 받게 된다는 이야기입니다. 이 동화는 상속권을 주장하여 형제간에 분쟁을 일으키지 않은 흥부의 모습을 통한 형제 간의 우애의 중요성을 강조하여 해피엔딩으로 끝나는 이야기이지만 현실에서는 다른 결말을 맞는 것이 부지기수이며, 이 이야기에서도 제비의 도움이 없었더라면 흥부의 많은 식솔들이 어떻게 됐을지 아 찔하다고 할 것입니다.

이처럼 상속과 관련한 분쟁은 동·서양 고금을 막론하고 벌어져 왔으며, 이에 대하여 잘 알고 미리 대비할 필요가 있다고 할 것입니다. 이제부터 우리나라가 정하고 있는 상속제도에 대하여 하나하나 알아 가 보도록 하겠습니다.

알아야 할 것

이 글을 읽기 위해서는 반복적으로 사용되는 다음의 용어 정도는 알아 둘 필요가 있습니다.

피상속인: 사망으로 인해 재산을 물려주는 사람을 말합니다.

상속인: 피상속인의 사망으로 재산을 상속받는 사람을 말합니다.

증여자: 증여를 하는 사람을 말합니다.

수증자: 증여를 받는 사람을 말합니다.

직계와 방계: 직계는 부모, 할아버지, 자녀, 손·자녀와 같이 나와 수직적인 관계를 이루고 있는 사람들을 말하며, 방계는

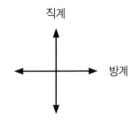

그 밖에 형제, 조카, 삼촌 등과 같이 공통의 조상을 통하여 수평적인 관계에 있는 사람들을 말합니다.

존속과 비속: 존속에서 존(尊)은 (지위 등이) 높다는 의미를 가지고 있고 비는(卑) (지위 등이)낮다는 의미를 가지고 있습니다. 따라서 직계존속은 아버지나, 할아버지와 같이 혈연관계에 있어서 동등 이상의 항렬에 속하는 사람을 말하며, 비속은 자기의 자손 및 그들과 동등 이하의 항렬에 속하는 사람을 말합니다.

친족: 배우자, 혈족 및 인척을 말하며 친족관계로 인한 법률상 효력은 8촌 이내의 혈족 4촌 이내의 인척, 배우자에게 미칩니다. 이때 혈족은 형제, 자매, 삼촌, 사촌 등을 말하며, 인척은 이러한 혈족의 배우자나 배우자의 혈족, 배우자의 혈족의 배우자를 말합니다.

미성년자: 만 19세 미만의 자를 말합니다.

유증과 증여: 증여는 일방이 재산을 무상으로 상대방(친족 여부 불문)에게 수여하는 의사를 표시하고 상대방이 이를 승낙하여 성립하는 계약을 말하고, 유증은 유언에 의해 재산을 상대방(상속인이나 타인) 무상으로 주는 행위를 말합니다. 재산을 무상으로 준다는 점에 있어서 비슷하지만, 유증은 사망으로 인하여 효력이 발생한다는 점에서 성립과 동시에 효력이 발생하는 증여와 차이점이 있습니다.

제2장

상속재산은 누가,
얼마만큼 물려받게 되는가?

1.

상속재산은 누구에게 속하여야 하는가?

　상속재산은 누구에게 속하여야 할까요? 아마 이 글을 읽고 있는 여러분은 '주는 사람 마음이지….'라는 답변이 쉽사리 떠오를 것입니다. 우리가 이러한 생각을 하게 되는 것에는 우리가 재산의 사적 소유와 자유로운 처분을 인정하는 자유주의 시장 경제 체제하에서 살고 있기 때문입니다.

　그러나 상속재산이 누구에게 귀속되느냐는 상속재산을 어떻게 바라보는지에 대한 당시의 경제적, 문화적 배경에 따라 달라져 왔습니다. 피상속인이 상속받을 자를 지정하는 것이 당연해 보이지만, 피상속인의 유언으로 상속인이 정해지는 것은 로마 시대 때부터이며, 고대사회에는 유언에 의한 상속은 매우 드물었다고 합니다. 타키투스라는 사람은 "각인에게 상속인이고 승계자인 것은 그 비속이며, 유언이라는 것은 없다."라고 남기기도 하였습니다. 즉, 자녀에 의한 상속만 인정하는 셈입니다.

　또한 프랑스의 초기 사회주의자들은 상속재산의 국가 귀속을 주장하였다고 합니다. 이를 통하여 가난한 자들을 구제할 수 있으며, 빈부 격차 등에 의한 사회 문제들을 해결할 수 있다고 본 것이지요.

조선시대에서도 유언제도가 인정되었으나, 유언의 자유에 커다란 제한을 가하였습니다. 조선시대는 가산을 기본적으로 문중의 재산으로 파악하였습니다. 따라서 가산을 승계하는 자는 상속인에 한정되어 있었으며, 만약 타인을 상속인으로 지정하려면 유언에 의한 입후[1] 또는 양자에 의하지 않으면 안 되었습니다. 또한 불공평한 분배를 이유로 유언의 효력을 부인하는 경우가 적지 않았으며, 유언으로 불공평한 분배가 부모의 사후에 형제간의 다툼이 되는 것을 이유로 유언의 자유를 부정하고 항상 법정상속에 의하려는 제의도 있었다고 합니다.[2]

결론적으로 현재 대한민국은 자유주의 시장 경제체제를 취하고 있으며, 피상속인의 자유로운 재산 처분권을 인정하여, 원칙적으로 피상속인의 유언이라는 최종 의사에 따라 피상속인의 재산 분배가 이루어질 수 있도록 하고 있습니다. 따라서 상속재산을 자녀에게 주어도 되지만 제삼자에게 주어도 무방하고 국가나 자선단체에 기부하여도 됩니다. (다만 상속인들에게는 생계 등을 위하여 최소한의 상속을 받을 권리, 유류분이 인정되며, 상속인들은 유류분 반환청구권을 행사하여 최소한의 상속분을 확보할 수 있습니다. 이러한 유류분에 대

---

1) 제사를 계승하여 가계를 잇는 계후자를 세우는 것.
2) 김상용, 김주수 공저, 《친족상속법 제19판》, 법문사.

해서는 상세히 후술하도록 하겠습니다.) 우리법은 이러한 유언이 없을 때 법이 정한 자에게 법이 정한 비율에 따라 유산이 상속되도록 규정하고 있을 뿐입니다.

2.
유언 - 상속재산을 받을 자는
상속인이 지정한다

가. 유언의 요식성 - 유언은 법이 정한 방식에 따라야 한다

우리나라는 유언에 따른 자유로운 재산 처분권을 인정하면서도 유언의 방식에 대해서는 법에서 엄격하게 정하고 있습니다. 즉, 유언은 민법이 정한 바에 의하지 아니하면 효력이 생기지 아니한다고 규정하여 일정한 방식을 요구하고 있으며, 그 방식을 따르지 않을 경우 이를 무효로 하고 있습니다. 이렇게 법에서 유언에 엄격한 방식을 요구하고 있는 이유는 유언은 피상속인이 사망 후에 효력이 발생하기 때문에 유언장의 진위 및 유언자의 의사를 확인하기 어렵기 때문으로, 이처럼 유언에 있어서 엄격한 형식을 요구하고 있는 것은 우리나라뿐 아니라 여러 나라의 공통된 제도입니다.

> 제1060조(유언의 요식성)
> 유언은 본법의 정한 방식에 의하지 아니하면 효력이 생하지 아니한다.

〈심화〉 할머니가 치매에 걸리셔서 요양원에 계십니다. 최근 건강이
　　　 많이 좋아지셔서 유언하시고자 하는데, 이러한 경우도 유언
　　　 할 수 있는가요? 가능하다면 유언은 어떻게 하여야 하나요?

유언 역시 의사표시이므로 의사를 표시할 능력이 있어야 하며, 이
러한 의사능력이 전혀 없는 자가 한 유언은 형식적 요건을 갖추었더
라도 무효가 됩니다.

그러나 민법은 유언에 있어서는 치매 등을 이유로 의사결정 능력이
제한된 자가 행한 법률 행위의 효과에 관한 민법 규정을 제한하여 적
용하고 있습니다. 왜냐하면 의사결정 능력이 제한된 자들의 법률 행
위의 효과를 제한한 이유는 이러한 자들을 보호하기 위한 것인데, 유
언의 효력이 발생할 때는 보호 대상자인 유언자는 이미 사망한 후라
고 할 것이어서 보호 필요성이 없다고 볼 수 있기 때문입니다.

또한 이러한 민법 규정을 그대로 적용하면 법정대리인에게 유언의
대리권이나 취소권이 인정됩니다. 이렇게 통상 유언 관련하여 깊은
이해관계를 가지고 있는 법정대리인에게 유언의 대리나 유언의 취소
권을 인정하는 것은 유언의 자유를 인정하는 유언제도의 취지에 어
긋나는 측면도 있다고 할 것입니다.

이에 우리 법은 미성년자와 피성년후견인 등의 능력 제한에 관한
규정(민법 제5조, 제10조, 제17조)을 적용하지 않도록 하고 있고, 미
성년자에 대해서는 만 17세를 기준으로 하여 유언 능력을 인정하고

있으며, 치매 등의 사유로 피성년후견인이 된 자가 유언할 때는 의사능력을 회복한 때에 의사가 심신 회복의 상태를 유언서에 부기하고, 서명·날인을 하면 되는 것으로 규정하고 있습니다.

따라서 할머니도 의사능력을 회복한 때에 의사가 심신 회복의 상태를 유언서에 부기하고, 서명·날인을 하시는 방식으로 유언하시면 될 것 같습니다.

제1061조(유언적령)
17세에 달하지 못한 자는 유언을 하지 못한다.

제1062조(제한능력자의 유언)
유언에 관하여는 제5조, 제10조 및 제13조를 적용하지 아니한다.

제1063조(피성년후견인의 유언능력)
① 피성년후견인은 의사능력이 회복된 때에만 유언을 할 수 있다.
② 제1항의 경우에는 의사가 심신 회복의 상태를 유언서에 부기(附記)하고 서명날인 하여야 한다.

나. 유언의 방식

그렇다면 법이 정한 유언의 방식에는 어떠한 것이 있을까요? 유언은 결국 유언자의 진의가 담보되어야 하는 것이 핵심입니다. 이를 위한 민법이 정한 유언의 방식에는 다섯 가지 방식이 있는데, 이를 크게 쓰는 방식과 말하는 방식, 이 둘이 혼합된 방식으로 나눌 수 있습니다.

1) 쓰는 방식

가) 자필증서에 의한 유언

대표적인 방법이 자필증서에 의한 유언의 방식입니다. 자필증서에 의한 유언은 유언자가 유언장을 본인이 스스로 작성함으로써 진의를 담보하는 방식이라고 할 것입니다. 따라서 자필증서에 의한 유언은 유언자가 그 전문과 연원일, 주소, 성명을 스스로 쓰고 날인하여야 합니다. 이 방식은 스스로 쓰는 것이 절대적인 요건으로 타인이 대신하여 쓰거나, 컴퓨터로 쓰는 것은 허용되지 않습니다. 이때 날인은 반드시 인장으로 할 필요는 없고, 무인(지장)으로 하여도 상관없으나, 날인이 없는 유언장은 유언의 효력이 없습니다.

이러한 유언방식은 가장 간편하고 비용이 적게 들기는 하나, 위·변조나 분실 위험이 있다는 것이 단점입니다.

> 제1066조(자필증서에 의한 유언)
> ① 자필증서에 의한 유언은 유언자가 그 전문과 연월일, 주소, 성명을 자서하고 날인하여야 한다.
> ② 전항의 증서에 문자의 삽입, 삭제 또는 변경을 함에는 유언자가 이를 자서하고 날인하여야 한다.

자필증서에 의한 유언증서[3]

유언자 성명   (주민번호)
        XX년 X월 XX생
        등록기준지 XX시 XX구 XX길 XX
        주소 XX시 XX구 XX길 XX(우편번호)
        전화 ○○○ - ○○○○

유언사항

1. 나는 다음과 같이 유언한다.
(1) 재산의 사인증여(민법 제562조 계약임, 등기원인은 "증여"가 된다)
또는 유증(민법 제1073조 단독행위임, 등기원인은 "유증"이 된다)에 관
하여, XX시 XX동 XX번 대지 XXm²는 이를 상속인 중 장남 □□□(주
소: 생년월일:)에게 증여하고, XX시 XX동 XX번 대지
XXm²와 동 지상 철근 콘크리트조 슬라브지붕 1층 주택 건평 ○○m²는
차남 □□□(주소: 생년월일:)에게 증여하고, 이 사인증
여(또는 유증)는 나의 사망으로 인하여 효력이 발생한다.
(2) 유언집행자의 지정에 관하여 위 사인 증여계약(또는 유증)의 이행
을 위하여 유언집행자로 XXX(주소: ○○○○ 주민등록번호: ○○○○)
를 지정한다.

작성일자 20○○년 ○월 ○일
유언자 성명 ○○○(인)

---

3) 동 서식은 대한법률구조공단>법률정보>법률서식 홈페이지에서 확인할 수 있습니다.

나) 비밀증서에 의한 유언

비밀증서에 의한 유언은 유언의 내용을 비밀로 해 두고 싶을 때 사용하는 방식으로 유언을 작성한 후 이를 봉인하고 증인에게 확인 받음으로써 진의를 담보받는 방식입니다. 비밀증서에 의한 유언은 유언자가 직접 또는 대리인을 통해 유언의 내용을 쓰고 유언자가 필자의 성명을 기입한 증서를 밀봉하여 날인한 후, 2인 이상의 증인에게 자신의 유언장임을 표시하고, 그 봉서 표면에 연원일을 기재하고, 유언자와 증인이 각자 서명 또는 기명날인하는 방식에 의하여 이루어집니다.

비밀증서는 그 내용을 비밀로 할 수 있으며, 자필로 이를 적지 않아도 되는 장점이 있으나, 봉서 표면에 연원일을 기재한 날로부터 5일 내에 공증인 또는 법원서기에게 제출하여 확정일자를 받아야 하는 번거로움이 있습니다.

> 제1069조(비밀증서에 의한 유언)
> ① 비밀증서에 의한 유언은 유언자가 필자의 성명을 기입한 증서를 엄봉날인하고 이를 2인 이상의 증인의 면전에 제출하여 자기의 유언서임을 표시한 후 그 봉서표면에 제출연월일을 기재하고 유언자와 증인이 각자 서명 또는 기명날인하여야 한다.
> ② 전항의 방식에 의한 유언봉서는 그 표면에 기재된 날로부터 5일 내에 공증인 또는 법원서기에게 제출하여 그 봉인상에 확정일자인을 받아야 한다.

2) 말하는 방식(녹음에 의한 유언)

유언은 유언자가 말하고 이를 녹음하는 방식으로도 가능합니다. 녹음기에 의한 유언은 유언자의 육성으로 진의를 담보하는 방식으로써, 유언자가 유언의 취지, 그 성명과 연원일을 말하고, 이에 참여한 증인이 유언의 정확함과 그 성명을 말하는 방식으로 이루어집니다. 만약 치매 등을 이유로 성년후견이 개시된 피성년후견인이 의사능력이 회복되어 녹음에 의한 유언을 하면 의사가 심신 회복의 상태를 녹음기에 구술하여야 할 것입니다.[4]

녹음에 의한 유언은 간편하게 할 수 있다는 점이 장점이나, 녹음된 것에 훼손되거나 소멸할 우려가 있고, 마찬가지로 진위에 대한 다툼을 배제할 수 없다는 점이 단점이라고 할 것입니다.

> 제1067조(녹음에 의한 유언)
> 녹음에 의한 유언은 유언자가 유언의 취지, 그 성명과 연월일을 구술하고 이에 참여한 증인이 유언의 정확함과 그 성명을 구술하여야 한다.

---

4) 김주수/김상용, 앞의 책, 834쪽.

3) 혼합 방식

가) 공정증서에 의한 유언

공정증서에 의한 유언은 공증인이 참여하여, 공증인에 의하여 그 진의가 담보되는 방식입니다. 공정증서에 의한 유언은 증인 2인의 참여하에, 유언자가 공증인 앞에서 유언의 취지를 구수(말)하고 공증인이 이를 필기하여, 이를 유언자와 증인 앞에서 낭독하고, 유언자와 증인이 필기가 정확함을 승인한 후 각자 서명 또는 기명·날인하는 방식으로 이루어집니다. 이때 필기와 구수의 순서는 바뀌어도 무방하며 예를 들어 공증인이 유언자가 작성한 문안을 미리 받고 유언자가 이를 구수하는 것을 들은 다음 문안을 필기에 갈음하는 방식도 상관없습니다. 공증은 공증인의 사무실에서 이루어지는 것이 원칙이나 유언 공증의 경우에는 실무상 출장의 형식으로도 많이 이루어지고 있습니다.

이러한 공정증서에 의한 유언은 정확성이 담보되고, 다툼의 소지가 가장 적으나, 다만 비용이 많이 든다는 점이 단점이라고 할 것입니다.

제1068조(공정증서에 의한 유언)
공정증서에 의한 유언은 유언자가 증인 2인이 참여한 공증인의 면전에서 유언의 취지를 구수하고 공증인이 이를 필기낭독하여 유언자와 증인이 그 정확함을 승인한 후 각자 서명 또는 기명날인하여야 한다.

나) 구수증서에 의한 유언

구수증서에 의한 유언은 질병 기타 급박한 사유로 인하여 다른 방식에 의한 유언을 할 수 없을 때 이루어지는 유언입니다. 앞서 공정증서에 의한 유언방식과 기본적으로 유사하나, 급박한 사유로 인하여 공증인이 없더라도 유언의 효력을 인정하여 주는 방식이라고 할 수 있습니다. 따라서 구수증서에 의한 유언은 비교적 간단한 방식으로 이루어지는데, 2인 이상의 증인이 참여한 상황에서, 유언자가 그중 1인에게 유언의 취지를 구수(말)하고 구수를 받은 자가 이를 필기·낭독하여 유언자와 증인이 그 정확함을 승인한 후, 각자가 서명 또는 기명·날인하면 됩니다. 다만 구수증서에 의한 유언은 그 증인 또는 이해관계인이 급박한 사유가 종료한 날로부터 7일 내에 가정법원에 검인(일종의 조사·확인 절차)을 신청하여야 합니다.

구수증서는 급박한 상황에서 빈번하게 이루어지나, 또한 많은 다툼이 발생하는 유언 방식입니다.

> 제1070조(구수증서에 의한 유언)
> ①구수증서에 의한 유언은 질병 기타 급박한 사유로 인하여 전4조의 방식에 의할 수 없는 경우에 유언자가 2인 이상의 증인의 참여로 그 1인에게 유언의 취지를 구수하고 그 구수를 받은 자가 이를 필기낭독하여 유언자의 증인이 그 정확함을 승인한 후 각자 서명 또는 기명날인하여야 한다.

〈심화〉 저희집은 3남매로, 오빠와 동생이 있습니다. 아버지는 평소에 3남매가 똑같이 재산을 분배받아야 한다고 자주 말씀하셨고, 오빠에게는 집, 저에게는 상가, 동생에게는 시골 땅을 물려주는 것으로 유언장을 작성하셨습니다. 그런데 얼마 전 오빠에게 집뿐 아니라 저에게 물려주기로 하신 상가를 증여한 것을 알게 되었습니다. 이 경우 유언의 효력은 어떻게 되는 것인가요?

유언은 언제든지 철회할 수 있으며, 고의로 유언증서 또는 유증의 목적물을 파훼한 때에는 그 파훼한 부분에 관한 유언은 이를 철회한 것으로 보고 있습니다. 특히 민법은 유언 후의 생전행위가 유언과 저촉되는 경우에는 그 저촉된 부분의 유언은 철회한 것으로 보고 있습니다(민법 1109조). 따라서 사안의 경우 유언장 중 상담자분에게 주기로 한 상가 부분은 유언의 효력을 철회한 것으로 보게 됩니다.

제1109조(유언의 저촉)
전후의 유언이 저촉되거나 유언 후의 생전행위가 유언과 저촉되는 경우에는 그 저촉된 부분의 전유언은 이를 철회한 것으로 본다.

제1110조(파훼로 인한 유언의 철회)
유언자가 고의로 유언증서 또는 유증의 목적물을 파훼한 때에는 그 파훼한 부분에 관한 유언은 이를 철회한 것으로 본다.

〈심화〉 아버지가 남긴 유언장을 발견하였습니다. 이러한 유언장만
으로 상속등기를 할 수 있나요? 혹은 별도로 취하여야 할 조
치가 있는지요?

유언은 유언자의 사망으로 효력이 발생하지만, 자필증서나 녹음에 의한 유언의 경우에는 유언의 증서나 녹음을 보관한 자 또는 이를 발견한 자는 지체 없이[5] 가정법원에 제출하여 검인을 신청하여야 합니다. 이때 검인이란 용어가 다소 어렵지만 유언의 형식 등에 대한 일종의 검증을 받는 절차를 말합니다. [6]

통상 검인신청을 한 후에는 법원은 검인기일을 정하여 상속인, 대리인 및 기타 이해관계인에게 출석을 요구하는 것이 실무례이며, 유

---

5) 지체 없이란 표현을 쓰고 있지만 특별히 기간을 정하고 있지는 않습니다.
6) 따라서 유언의 방식 중 공정증서나 구수증서에 의한 유언의 경우에는 유언의 성립, 존재
    를 확보하는 검증 절차가 별도로 있다고 볼 수 있으므로 별도로 검인절차가 필요하지 않
    으며, 공정증서에 의한 유언은 검인절차가 필요 없다는 점에서 장점이 있습니다.

언을 신청한 자는 자필유언장 원본을 지참하여 참석하여야 합니다.

한편, 가정법원이 봉인된 유언증서를 개봉할 때에도 유언자의 상속인, 그 대리인, 기타 이해관계인의 참여가 있어야 합니다. 이때, 가정법원이 상속인 등을 소환하였음에도 출석하지 않는 경우나, 상속인의 유무가 불분명한 경우에는 소환을 하지 않고 개봉할 수 있다고 할 것입니다.

이러한 검인이나 개봉절차를 거치지 않았다고 해서 유언이 무효가 되는 것은 아닙니다. 다만 유언에 따른 소유권이전등기 등을 신청하기 위해서는 검인 절차에서 특별히 유언장의 성립이나 효력을 다투는 자가 없었다는 취지가 기재되어 있는 가정법원의 검인조서등본을 첨부하여야 하며, 또한 유언을 보관하거나 이를 발견한 자가 검인청구를 게을리할 경우 상속인 등에 대한 불법행위가 되어 손해를 배상하여야 할 수도 있고, 또한 자칫 유서의 은닉에 해당하여 뒤에 설명드릴 상속결격의 사유가 될 수가 있으므로 상속재산이 있는 경우에는 되도록 검인 절차를 거치는 것이 바람직하다고 할 것입니다.

만약 검인 절차에서 효력을 다투는 자가 있다면 그러한 취지가 검인조서에 기재되고 이러한 경우에는 유언 확인의 소나 소유권이전등기청구 소송 등 소송을 통하여 등기를 하거나 유언 내용에 따른 등기신청에 이의가 없다는 위 상속인들의 진술서(인감증명서 첨부)를 받아 등기를 하여야 합니다.

또한 다른 공동상속인들은 검인 절차 참여가 의무는 아니나 유언자의 자필이 아니거나 서명이 유언자의 것이 아니어서 유언의 효력을 부인하고자 한다면, 기일에 참석하여 이러한 취지를 진술할 필요가 있다고 할 것입니다.

제1073조(유언의 효력발생시기)
① 유언은 유언자가 사망한 때로부터 그 효력이 생긴다.

제1091조(유언증서, 녹음의 검인)
① 유언의 증서나 녹음을 보관한 자 또는 이를 발견한 자는 유언자의 사망 후 지체 없이 법원에 제출하여 그 검인을 청구하여야 한다.
② 전항의 규정은 공정증서나 구수증서에 의한 유언에 적용하지 아니한다.

제1092조(유언증서의 개봉)
법원이 봉인된 유언증서를 개봉할 때에는 유언자의 상속인, 그 대리인 기타 이해관계인의 참여가 있어야 한다.

유언증서검인신청서[7]

신청인   이상속

           20XX년 X월 X일생

           등록기준지 XX시 XX구 XX길 XX

           주소 ○○시 ○○구 ○○길 ○○(우편번호)

           전화 XXX-XXXX-XXXX

           유언자와의 관계:

유언자   이망인

           19XX년 X월 X일생

           등록기준지 XX시 XX구 XX길 XX

           주소 XX시 XX구 XX길 XX(우편번호)

           전화 XXX-XXXX-XXXX

청구취지

유언자 망 이망인이 20XX. X. X. 작성한 별지의 자필증서에 의한 유언서의 검인을 청구합니다.

청구원인

1. 신청인은 유언자 망 이망인이 작성한 별지의 자필증서에 의한 유언

---

7)   동 서식은 대한법률구조공단>법률정보>법률서식 홈페이지에서 확인할 수 있습니다.

서의 보관자이며, 유언자 망 이망인의 배우자입니다.

2. 신청인은 20XX. X. X. 유언자 망 이망인이 별지의 자필증서에 의한 유언서를 작성하여 신청인에게 보관토록 하여 보관하고 있던 중, 유언자가 사망했으므로 민법 제1091조 제1항에 의하여 이건 검인을 청구합니다.

첨부서류

1. 기본증명서(유언자)	1통
1. 가족관계증명서(유언자)	1통
1. 말소주민등록등본	1통
1. 주민등록등본	1통
1. 유언증서 원본	1통
1. 납부서	1통

20○○년 ○월 ○일

위 신청인 ○○○ (인)

다. 유언의 집행

유언의 효력이 발생하더라도 통상 그 자체만으로 법률관계의 변동이 발생하는 것이 아니라 그 내용을 실현하는 행위를 필요로 하는데, 이를 유언의 집행이라고 하며, 이러한 유언을 집행할 권리의무를 가진 자를 유언집행자라고 합니다.

특별히 유언집행자의 지정이 없으면, 상속인이 유언집행자가 되어 유언을 집행할 권리와 의무가 있으나(민법 1095조), 유언자가 유언으로 유언집행자를 지정하거나 그 지정을 제3자에게 위탁할 경우에는 지정된 자가 유언집행자가 됩니다(민법 1093조). 이때 지정된 유언집행자는 유언자의 사망 후 지체 없이 이를 승낙하거나 사퇴할 것을 상속인에게 통지하여야 하며, 통지가 이루어지지 않을 경우 상속인 기타 이해관계인은 상당한 기간을 정하여 그 기간 내에 승낙 여부를 확답할 것을 지정된 유언집행자에게 물을 수 있고, 만약 대답이 없을 경우에는 취임을 승낙한 것으로 봅니다. 만약 유언집행자가 없는 경우(지정된 유언집행자 및 상속인이 없는 경우)에는 이해관계인의 청구에 의하여 가정법원이 유언집행자를 선임하게 됩니다.

제1093조(유언집행자의 지정)
유언자는 유언으로 유언집행자를 지정할 수 있고 그 지정을 제삼자에게 위탁할 수 있다.

제1095조(지정유언집행자가 없는 경우)
전2조의 규정에 의하여 지정된 유언집행자가 없는 때에는 상속인이 유언집행자가 된다.

제1096조(법원에 의한 유언집행자의 선임)
① 유언집행자가 없거나 사망, 결격 기타 사유로 인하여 없게 된 때에는 법원은 이해관계인의 청구에 의하여 유언집행자를 선임하여야 한다.

제1097조(유언집행자의 승낙, 사퇴)
① 지정에 의한 유언집행자는 유언자의 사망후 지체없이 이를 승낙하거나 사퇴할 것을 상속인에게 통지하여야 한다.
② 선임에 의한 유언집행자는 선임의 통지를 받은 후 지체 없이 이를 승낙하거나 사퇴할 것을 법원에 통지하여야 한다.
③ 상속인 기타 이해관계인은 상당한 기간을 정하여 그 기간 내에 승낙 여부를 확답할 것을 지정 또는 선임에 의한 유언집행자에게 최고할 수 있다. 그 기간 내에 최고에 대한 확답을 받지 못한 때에는 유언집행자가 그 취임을 승낙한 것으로 본다.

이러한 유언집행자는 상속인의 대리인으로서(민법 제1103조 제1항) 위임 관계에 있게 되는데, 그 임무로서 ① 상속재산목록을 작성하여 상속인에게 교부하여야 할 의무 ② 유증의 목적인 재산의 관리 기타 유언의 집행에 필요한 행위를 할 권리, 의무가 있습니다. 한편, 유언집행자의 권리로써 유언으로 보수를 정하지 않은 경우에는 가정법원은 유언집행자의 보수를 정할 수 있으며, 유언의 집행에 관한 비용을 상속재산 중에서 지급받을 수 있습니다.

제1100조(재산목록작성)
① 유언이 재산에 관한 것인 때에는 지정 또는 선임에 의한 유언집행자는 지체 없이 그 재산목록을 작성하여 상속인에게 교부하여야 한다.
② 상속인의 청구가 있는 때에는 전항의 재산목록작성에 상속인을 참여하게 하여야 한다.

제1101조(유언집행자의 권리의무)
유언집행자는 유증의 목적인 재산의 관리 기타 유언의 집행에 필요한 행위를 할 권리의무가 있다.

제1107조(유언집행의 비용) 유언의 집행에 관한 비용은 상속재산 중에서 이를 지급한다.

이러한 유언집행자의 임무는 유언집행의 종료, 유언집행자의 사망, 사퇴 혹은 해임에 의하여 종료되게 됩니다. 이때 해임은 상속인이 임의로 할 수 있는 것이 아니라, 상속인 기타 이해관계인의 청구에 의하여 가정법원의 심판으로써 하게 됩니다.

3.
법정 상속인과 상속분 - 유언이 없을 경우에는?

가. 상속인은 누구인가?(상속 순위)

1) 상속결격 - 상속인이지만 상속인이 되지 못한

이러한 상속재산 분배에 관한 유언이 없거나, 유언이 무효인 경우에 돌아가신 분의 재산을 어떻게 처리해야 할까요? 이때에 돌아가신 분(피상속인)의 재산을 받는 자를 상속인이라고 하는데, 우리나라는 상속인이 될 수 있는 자 및 상속을 받는 비율을 법으로 정하고 있습니다.

먼저 상속인이 될 수 있는 자를 살펴보면, 피상속인의 직계비속을 제1순위, 직계존속을 제2순위, 형제자매를 제3순위, 4촌(좀 더 정확하게는 4촌 이내의 혈족)을 제4순위로 정하고 있습니다.

또한 촌수가 다르면 촌수가 가까운 사람이 상속인이 되는데, 예를 들어 부모와 조부모 모두 직계 존속이지만, 부모가 촌수가 더 가까우므로 상속인이 됩니다. 이때 선순위 상속인이 한명이라도 존재하는 경우에는 후순위 상속인은 상속인이 될 수 없는데 이를 최선순위 원칙이라고 합니다.

과거 출가외인이라 하여 구민법에서는 혼인한 딸에게는 상속권이 인정되지 않았던 때도 있었으나, 이러한 법이 부당한 것은 당연하며, 현재에는 여자에게도 동일하게 상속권을 인정하고 있으며, 같은 비율로 상속이 인정됩니다.

한편 배우자는 조금 특수한 관계에 있는데, 망인의 자녀(직계비속)가 있는 경우에는 자녀(직계비속)과 함께 상속인이 되고, 자녀(직계비속)가 없는 경우에는 부모(직계존속)와 더불어 공동상속인이 되며, 자녀(직계비속)과 부모(직계존속)이 모두 없는 경우에는 망인의 형제자매나, 4촌이 있더라도, 배우자가 단독 상속인이 됩니다. 다만, 최근 판례는 자녀들의 상속포기가 있을 경우, 후 순위자인 손자녀 혹은 직계존속과 배우자가 공동상속인이 되는 것이 아니라, 배우자가 단독 상속인이 된다고 판결하고 있습니다(대법원 2023. 3. 23.자 2020그42 전원합의체 결정).

우리 법이 이러한 자들을 상속인으로 정하고 있는 것에는 여러 가지 이유들이 있습니다.

먼저 피상속인의 의사를 고려한 것입니다. 피상속인이 유언을 남기지는 않았지만, 유언을 남겼다면, 자신의 자녀, 배우자, 부모님, 형제자매, 사촌 순으로 재산을 넘기기를 바랐을 것이라고 보는 것입니다.

다음으로 상속은 상속재산의 청산(정산이라고 해도 좋습니다.)의 측면이 있다는 것을 고려한 것입니다. 상속재산은 모두 피상속인의 명의로 되어 있더라도 상속재산을 이룩한 것에는 가족들의 기여가 있을 수 있습니다. 예를 들어 가족(아버지)이 경영하는 식당에서 제대로 계산된 월급 없이 온 가족이 함께 일하는 경우를 생각해 보면 될 것입니다. 이처럼 상속재산의 증가에 가족들이 기여하였고, 상속재산에는 가족들의 몫이 있다는 것을 고려하여 가까운 가족들에게 상속을 해 주는 것입니다.

마지막으로 상속인들의 부양을 위한 측면이 있습니다. 미성년인 자녀의 경우 피상속인이 살아 있었더라면 상속재산은 이들의 부양을 위하여 사용되었을 재산이라고 할 것입니다. 또한 이러한 상속재산의 상속을 인정하지 않는다면 피상속인이 사망했을 경우 피상속인이 부양하였던 미성년인 자녀나 생활 능력이 없는 배우자나 부모는 생계가 어려워질 수 있습니다. 따라서 이러한 자들에게 상속을 인정하여 생계를 보장해 주는 것입니다. 이러한 세 가지 측면에서 상속인이 될 자를 생각하면, 위와 같은 범위로 상속인을 정한 우리나라 법의 취지가 어느 정도 이해가 될 것입니다.

제1000조(상속의 순위)
① 상속에 있어서는 다음 순위로 상속인이 된다.
1. 피상속인의 직계비속

〈심화〉배 속에 아이가 있는 상황에서 남편이 갑작스러운 사고로 사망하게 되었습니다. 이 경우 배 속에 있는 아이도 상속을 받을 수 있나요?

민법은 태아는 상속순위에 있어서는 이미 출생한 것으로 보고 있습니다(민법 제100조). 따라서, 이 경우 배 속에 있는 아이도 상속을 받을 수 있습니다. 다만 태아가 출생을 하여야 하며, 만약 태어나지 못하고 사산할 경우, 상속인에 포함되지 않게 되어, 만약 시부모님이 살아계신다면 시부모님과 질의하신 분이 공동으로 상속을 받게 됩니다.

제1000조(상속의 순위)
③ 태아는 상속순위에 관하여는 이미 출생한 것으로 본다.

〈심화〉아이가 있는 상황에서 재혼을 하였는데, 새 배우자의 자녀에게도 동일하게 재산을 물려주고 싶습니다. 재혼한 배우자의 자녀에게도 동일하게 상속이 이루어지는지요? 상속이 이루어지지 않는다면 재산을 물려줄 수 있는 방법이 있는가요?

새어머니를 계모라고도 하는데 이을 계자를 쓴 단어로 전(前)어머니에 이어 들어온 어머니 정도로 해석할 수 있을 것입니다. 반대로 어머니가 재혼할 경우 새아버지를 계부라고 합니다. 과거에는 계모와 사이에 혈족관계를 인정하는 조문이 있었으나 1991년 민법이 개정되어, 현재에는 계모와의 사이에는 혈족관계가 인정되지 않고 상속이 발생하지 않게 되었으며, 반대로 어머니가 재혼하였을 경우 계부와의 사이에도 상속이 발생하지 않습니다. 따라서 새 배우자의 자녀에게 재산을 물려주고 싶은 경우에는, 입양을 하거나 유언을 통한 증여를 하여야 합니다.

〈심화〉 전 남편과 사별 후 현재 남편을 만나 20년째 함께 살고 있는데, 미처 혼인신고는 하지 못하였습니다. 그런데 남편이 갑작스러운 사고로 의식불명 상태에 빠져 위중한 상황입니다. 남편이 사망할 경우 함께 살았던 아파트를 상속받을 수 있는지요?

상속배우자는 혼인신고를 마친 법률상 배우자이어야 하며, 사실상 부부관계이더라도 혼인신고가 이루어지지 않은 사실혼 배우자는 상속을 받지 못합니다. 다만, 사실혼 관계의 배우자라고 하더라도, 사실혼 관계 해소를 원인으로 한 재산분할청구권은 인정하고 있으며, 법원은 의식불명인 배우자를 상대로 한, 사실혼 관계 해소를 원인으로 한 재산분할청구권도 인정하고 있으므로(대법원 2009. 2. 9. 2008스 105결정), 비정하기는 하지만 사실혼 배우자가 의식불명으로 사망을 할 우려가 있는 경우, 재산을 받기 위해서는 미리 위와 같은 사실혼 관계 해소를 원인으로 한, 재산분할심판 청구를 하는 방법도 고려해 볼 필요가 있다고 할 것입니다.

나. 상속순위의 예외

통상 앞서 설명드린 대로 상속인이 정해지지만, 법이 정하고 있는 일정한 경우 상속순위에 해당하지만 상속인이 되지 못하는 경우나, 상속순위에 해당하지 않지만 상속인에 포함되는 경우가 있는데, 대표적인 경우를 설명드리면 아래와 같습니다.

1) 상속결격 - 상속인이지만 상속인이 되지 못한

과거 유학 갔다가 돌아온 아들이 유산을 노리고 부모님을 살해한 사건이 크게 뉴스가 된 적이 있었습니다. 이러한 아들에게 부모님의 유산을 물려주는 것이 타당할까요?

만약 이처럼 유산을 노리고 범죄를 저지른 자들에게도 상속권을 인정하면 처벌을 감수하고 상속을 받기 위해 범죄를 저지를 가능성이 있을 것입니다. 이에 법은 피상속인에 대하여 패륜행위를 하거나 유산을 받기 위하여 부정행위를 한 경우 이러한 자의 상속인 자격을 박탈시키는 상속결격제도를 두고 있습니다.

따라서 유산상속을 받거나 유리하게 받기 위하여 부모 혹은 동순위이거나 선순위 상속인을 살해하거나 살해하려고 한 경우, 작성된 유언장을 찢어 버리는 행위 등을 한 경우 상속할 자격을 잃게 됩니다.

제1004조(상속인의 결격사유) 다음 각 호의 어느 하나에 해당한 자는 상속인이 되지 못한다.
1. 고의로 직계존속, 피상속인, 그 배우자 또는 상속의 선순위나 동순위에 있는 자를 살해하거나 살해하려한 자.
2. 고의로 직계존속, 피상속인과 그 배우자에게 상해를 가하여 사망에 이르게 한 자.
3. 사기 또는 강박으로 피상속인의 상속에 관한 유언 또는 유언의 철회를 방해한 자.
4. 사기 또는 강박으로 피상속인의 상속에 관한 유언을 하게 한 자.
5. 피상속인의 상속에 관한 유언서를 위조·변조·파기 또는 은닉한 자.

〈심화〉 배 속의 아이를 두고 남편이 얼마 전 교통사고로 사망을 하게 되었습니다. 도저히 혼자 키울 자신이 없어 낙태를 하려고 합니다. 이 경우 제가 남편의 재산을 단독 상속받게 되는지요?

태아도 상속에 있어서는 이미 출생한 것으로 보므로, 낙태를 할 경우 고의로 상속의 동순위에 있는 자를 살해한 경우에 해당하게 됩니다. 따라서 낙태를 할 경우 상속결격이 되어 상속을 받을 수 없습니다.

2) 대습상속과 동시사망의 추정 - 상속인이 사망하였을 경우의 상속

A씨는 종갓집 장남 B씨에게 시집와서 열심히 시부모님을 모시고 농사일도 하고 집안일도 하며 살아왔습니다. 아직 장남 B는 재산을 물려받지는 못하였지만, 시부모님은 장남에게 재산의 상당 부분을 넘겨준다고 말씀을 하시곤 하였습니다. 그런데 B씨가 불의의 사고로 사망하게 되었고, 이어 시부모님도 돌아가시게 되었습니다. 이러한 경우 며느리 A씨는 재산을 상속받을 수 있을까요?

이러한 경우 만약 앞서의 법정상속순위가 그대로 적용되어 며느리 A에게 상속권이 인정되지 않는다면 열심히 시댁을 위해 일을 하여 재산형성에 기여했음에도 불구하고 며느리 A는 재산을 받지 못함은 물론이고, 살던 집에서도 쫓겨나야 되어 당장 살길이 막막할 것입니다. 앞서 법정상속인을 정한 취지, 재산의 청산과 상속인의 부양의 측면을 생각하면 이러한 결론이 부당함은 물론입니다.

이에 이러한 대습자(며느리)의 상속에 대한 기대를 보호함으로써 공평을 꾀하고, 살아남은 배우자의 생계를 보장해 주기 위해[8] 우리 민법은 대습상속제도를 두고 있습니다. 대습상속제도는 원래 상속을 받아야 할 자가 사망·결격 등으로 상속권을 잃은 경우, 그 사람의 배우자나 자녀가 그 사람을 대신하여 상속을 받게 하는 제도입니다. 이러한 대습상속은 1990년 민법 개정 전에는 원래 며느리에게만 인정하였으나, 개정 이후에는 사위에게도 마찬가지로 대습상속을 인정하여 대습상속을 배우자의 대습상속으로 개정하였습니다. 따라서 며느리 A씨는 대습상속으로 시부모님의 재산을 상속받을 수 있습니다.

제1001조(대습상속)
전조 제1항 제1호와 제3호의 규정에 의하여 상속인이 될 직계비속 또는 형제자매가 상속개시 전에 사망하거나 결격자가 된 경우에 그 직계비속이 있는 때에는 그 직계비속이 사망하거나 결격된 자의 순위에 갈음하여 상속인이 된다.

제1003조(배우자의 상속순위)
② 제1001조의 경우에 상속개시 전에 사망 또는 결격된 자의 배우자는 동조의 규정에 의한 상속인과 동순위로 공동상속인이 되고 그 상속인이 없는 때에는 단독상속인이 된다.

---

8)   대법원 2002. 3. 9. 선고 99다13157 판결.

〈심화〉 남편이 사망한 후 재혼을 하게 되었습니다. 이러한 경우에도
시부모님 재산을 상속받을 수 있나요?

남편이 사망하더라도 며느리는 시부모님의 재산을 대습상속 받을
수 있습니다. 그런데 사망 후 재혼할 경우에는 인척관계가 소멸하므
로 대습상속을 받을 수 없습니다. 다만 이 경우에도 전남편의 자녀들
은 여전히 대습상속을 받을 수 있습니다.

상속순위의 예외로 또 알아야 할 제도는 동시사망추정제도입니다.

광수가 아들 영호와 함께 등산을 하다가 산사태로 사망을 하게 되
었는데, 광수에게는 어머니 옥순과 처 순자가 있었습니다. 이때 광수
와 영호 중 누가 먼저 사망을 하였는지에 따라 상속인이 달라지는 결
과가 발생합니다. 즉, 광수가 먼저 사망하였다고 하면, 영호와 순자가
상속인이 되고 다시 영호의 사망으로 순자가 단독 상속인이 되게 됩
니다. 반면 영호가 먼저 사망하였다고 하면 광수와 순자가 상속인이
되고, 다시 광수의 사망으로 광수의 상속재산은 어머니인 옥순과 처
순자가 상속을 받게 됩니다. 이처럼 누가 먼저 사망하였는지에 따라
최종 상속결과가 달라지므로 다툼이 발생하나 산사태로 인하여 누가
먼저 사망하였는지를 입증하는 것은 사실상 불가능합니다. 이러한
때의 분쟁의 공평한 해결을 위하여 민법은 수인이 동일한 위난(재난,

사고)으로 사망하였을 경우에 동시에 사망한 것으로 추정하고 이들 사이에서는 상속이 발생하지 않도록 하는 규정을 두고 있습니다. 결국 사안의 경우 어머니인 옥순과 처 순자가 상속을 받게 됩니다.

* 여기서 추정은 '일단 그렇게 가정한다.' 정도 의미로 생각하면 되며 이에 대하여 다른 사실을 주장하려는 자에게 이를 증명할 책임이 부과됩니다. 따라서 동시사망의 추정에도 불구하고 사망의 시기를 입증할 수 있다면, 그 시기에 따라 상속의 순위가 결정되게 됩니다.

- 대습상속과 동시사망의 추정 관련 사례

대습상속과 동시사망의 추정과 관련하여 다툼이 있었던 유명한 사례를 일부 각색하여 소개해 드리면, 다음과 같습니다. 재력가인 A와 딸 B가 함께 비행기를 타고 하와이로 가던 중 추락 사고로 모두 사망을 하게 되었습니다. 이때 유가족으로는 딸 B의 남편 사위 C와 A의 형제 D가 있었습니다. 이에 A가 남긴 재산을 가지고 사위 C와 형제 D 사이에 다툼이 발생하게 되었는데, 각각의 주장을 살펴보면 다음과 같습니다.

사위 C는 자연법칙에 따른 사망 순서를 근거로 내세웠습니다. 'A와 B가 완전히 동시에 죽는 것은 자연과학적으로는 불가능하다. 만약 A가 B보다 0.1초라도 먼저 사망하였다면, A의 재산은 1순위 상속인인 딸 B가 상속하고, 다시 그 재산은 B의 사망으로 사위 C가 상속하게 되며, 반대로 B가 A보다 0.1초라도 먼저 사망하였다면, B의 상속재산은 사위 C가 대습상속하게 된다. 따라서 사망 순서가 어떻게 되더라도 C는 상속인이 되어야 한다.'라는 게 주장이었습니다.

반면 형제 D는 피 한 방울 섞이지 않는 사위 C에게 전 재산이 넘어가는 것은 부당하다고 하며, 동일한 재난으로 인하여 사망하였으므로, 앞서 동시사망추정규정에 따라 A와 B사이에는 상속이 일어나지 않고, 따라서 3순위 상속인인 자신이 상속을 받아야 한다고 주장하였습니다. 양측의 주장이 모두 일리가 있고, 또 과연 상속재산이 사위에게 가는 것이 맞는지, 형제에게 가는 것이 맞는지 관련하여 당시 많은 논란이 있었습니다.

본 사건 관련하여 법원은 다음과 같이 판단하여 사위의 손을 들어 주었습니다.

'피상속인의 사위가 피상속인의 형제자매보다 우선하여 단독으로 대습상속하는 것이 반드시 공평한 것인지 의문을 가져 볼 수는 있다 하더라도, 이를 이유로 곧바로 피상속인의 사위가 피상속인의 형제자매보다 우선하여 단독으로 대습상속할 수 있음이 규정된 민법 제1003조 제2항이 헌법 규정에 위배되는 것이라고 할 수 없다.'고 하며, '동시사망추정규정도 자연과학적으로 엄밀한 의미의 동시사망은 상상하기 어려운 것이나 사망의 선후를 입증할 수 없는 경우 동시에 사망한 것으로 다루는 것이 결과에 있어 가장 공평하고 합리적이라는 데에 그 입법 취지가 있는 것이므로 만일 피상속인(A)이 먼저 사망하는 경우나, 상속인(B)이 먼저 사망한 두 경우 모두 C가 상속을 하는데, 만일 피대습자(B)가 피상속인의 사망(A), 즉 상속개시와 동시에 사망한 것으로 추정되는 경우에만 그 직계비속 또는 배우자가 본위상속과 대습상속의 어느 쪽도 하지 못하게 된다면 동시사망 추정 이외의 경우에 비하여 현저히 불공평하고 불합리한 것이라 할 것이고, 이는 앞서 동시사망추정규정의 입법 취지에도 반하는 것이므로, 민법 제1001조의 '상속인이 될 직계비속이 상속개시 전에 사망한 경우'에는 '상속인이 될 직계비속이 상속개시와 동시에 사망한 것으로 추정되는 경우'도 포함하는 것으로 합목적적으로 해석함이 상당하다."(대법원 2001. 3. 9. 선고 99다13157 판결 참고)

다. 상속의 범위

1) 포괄승계의 원칙 - 빚과 재산을 상속분에 따라 모두 받는다

이러한 상속인들은 상속이 개시됨과 동시에 피상속인의 재산과 빚을 '상속분'별로 '모두' 넘겨받게 됩니다. 이를 '상속재산의 포괄승계한다'라고 합니다. 따라서 재산만 상속받고 빚은 상속받지 않는다든지, 혹은 피상속인의 재산 중 복잡한 권리관계에 있는 특정재산은 빼고 상속받는 것은 허용되지 않습니다. 따라서 일단 피상속인의 재산과 빚을 상속인들이 빠짐없이 상속받은 후, 이를 일차적으로 상속인끼리 '지분별'로 나누어 소유(공유)하게 됩니다.

예를 들어 가격이 같은 아파트 두 채를 남기고 아버지가 사망하였는데 상속인에는 아들 두 명이 있을 경우, A 아파트는 첫째, B 아파트는 둘째 이런 식으로 상속이 되는 것이 아니라, 일단 두 아파트 모두를 형제가 상속받아 50%씩 소유하게 되는 것입니다.[9]

이러한 상속은 사망으로 당연히 개시되며 피상속인들의 행위가 특별히 필요한 것은 아닙니다. 특히 빚은 협의에 따라 달리 정할 수 없으며 상속분에 따라 귀속되는 것으로 보고 있습니다. 협의에 따라 빚을 달리 나누어 가질 수 있게 하면 어차피 갚을 능력이 없는 사람에게 빚을 몰아줄 수 있기 때문이지요.

이처럼 상속인이 되면 피상속인의 빚도 물려받을 수 있음을 항상 염두에 두어야 하며, 상속받을 재산이 많은지 빚이 많은지에 따라 상속을 받을 것인지 상속을 포기할 것인지를 결정하여야 합니다.

제1005조(상속과 포괄적 권리의무의 승계)
상속인은 상속개시된 때로부터 피상속인의 재산에 관한 포괄적 권리의무를 승계한다. 그러나 피상속인의 일신에 전속한 것은 그러하지 아니하다.

---

9) 여기서 일단이라고 하는 것은 구체적인 상속분이 나중에 상속인들끼리의 협의에 따라 달라질 수 있기 때문입니다.

〈심화〉 아버지가 돌아가셨는데, 재산이 얼마인지, 채무가 얼마인지
다 알지 못합니다. 어떻게 알 수 있을까요?

보통 상속인들은 돌아가신 분의 재산 상황을 다 알지 못하는 경우가
대부분입니다. 이에 행정안전부는 '사망자 및 피후견인 등 재산조회통
합처리신청(안심상속)'을 운영하고 있습니다. 재산조회 신청은 사망
신고 시는 물론 사망신고 후에도 사망일이 속한 달의 말일부터 1년 이
내에는 재산조회신청을 할 수 있도록 하고 있습니다. 재산조회신청은
원칙적으로 상속인이(상속 1순위자가 하는 것이 원칙이고 1순위가 없
는 경우에만 2순위자) 할 수 있습니다. 이때 1순위가 포기하여 2순위
가 하는 경우에는, 방문신청만 가능합니다. 조회신청 결과는 토지, 지
방세, 자동차 정보는 통상 7일 이내, 금융, 국세, 국민연금정보는 통상
20일 이내 통보되는데, 조금씩 차이는 있습니다. 이러한 신청 결과는
신청 시 작성한 '조회결과확인방법'에 따라 안내를 해 주고 있습니다.[10]

---

10) 이때 망인이 소송을 진행 중인 소송이 있었을 경우, 관련 채권, 채무도 확인할 필요가 있

- 온라인 신청

사망자재산조회통합처리 검색 → 민원신청하기 클릭(또는 정부 24 접속 → 원스톱 서비스 내 안심상속 클릭) → 신청서 작성 및 구비서류 교부 신청 → 접수처(주민센터) 확인·접수

- 방문 신청

가까운 시, 구, 동 주민센터 방문 → 신청서 제출

* 구비 서류: 상속인 본인의 신분증(주민등록증, 운전면허증 등), 가족관계증명서 등 상속관계증빙서류(대리인이 신청할 경우에는 대리인의 신분증, 상속인의 위임장 및 인감증명서)

습니다. 이러한 소송은 위 안심상속 서비스로는 알 수 없으며, 법원에서 본인이 상속인임을 증명한 후 조회 가능합니다.

2) 법이 정한 상속분 - 그렇다면 상속분은 어떻게 되는가?

앞서 상속인들은 상속이 개시됨과 동시에 피상속인의 재산과 빚을 **'상속분'**별로 '모두' 넘겨받게 된다고 말씀드린 바 있습니다. 이때, 상속분은 상속인이 상속을 받는 비율이라고 할 수 있습니다. 법은 상속분을 동일한 것으로 정하고 있으며, 따라서 상속인은 같은 비율로 상속을 받는 것이 원칙입니다.

다만, 배우자는 다른 상속인에 비하여 50%가 가산되어 상속분이 책정되는데, 통상 망인 재산 형성에 대한 배우자의 기여 등이 크며 이를 상속에는 이를 청산 받는 측면이 있는 점을 고려한 것입니다.

예를 들어 사망한 광수에게 재산이 3억 5,000만 원이 있었고, 가족으로는 부인 현숙과 딸 옥순과 아들 영수가 있을 경우, 법정상속분은 현숙 1.5, 딸 옥순 1, 영수 1이므로 현숙 1억 5,000만 원, 옥순 1억, 영수 1억을 상속받게 됩니다.

제1009조(법정상속분)
① 동순위의 상속인이 수인인 때에는 그 상속분은 균분으로 한다.
② 피상속인의 배우자의 상속분은 직계비속과 공동으로 상속하는 때에는 직계비속의 상속분의 5할을 가산하고, 직계존속과 공동으로 상속하는 때에는 직계존속의 상속분의 5할을 가산한다.

이상의 내용을 표로 정리하면 아래와 같습니다.

제1순위	제2순위	제3순위	제4순위
자녀(손자녀)	부모(조부모)	형제, 자매	4촌 이내 방계혈족
배우자有 (공동 상속, 50% 가산)		배우자有 (배우자 단독 상속)	

3) 상속재산의 분할 - 상속재산의 최종 귀속

재산의 상속은 망인이 사망한 순간에 당연히 이루어지며, 상속인은 상속개시와 동시에 상속이 개시되면 일단 상속재산을 '상속지분별'로 공동소유하게 되나, 이는 과도적인 모습이라 할 것이고, 이를 각 상속인에게 최종적으로 귀속시킬 필요가 있습니다. 이를 상속재산분할이라고 합니다.

이러한 상속재산의 분할은 유언에 상속재산분할의 방법이 정하여져 있으면, 그 유언의 내용에 따르며 유언에 의한 분할 방법의 지정이 없으면, 상속인 간의 협의에 따라 이루어집니다. 이러한 상속재산분할협의에는 상속인들이 모두 참여하여야 하는데, 반드시 한 자리에 모여 협의를 할 필요는 없고, 순차적으로 이루어지거나 상속분할협의서를 작성한 후 다른 사람이 이를 승인하는 형태로 해도 무방합니다.

또한 분할은 반드시 상속분에 따라서 분할할 필요는 없으며, 특정인이 상속지분을 초과하여 받거나 상속지분보다 적게 받아도 유효합니다. 다만 피상속인의 빚은 상속분 별로 분할하여 귀속하는 게 원칙이며, 만약 상속인들 사이의 협의로 상속분과 달리 채무의 분담 비율을 정할 경우, 일부 자력에 없는 상속인에게 채무를 몰아주어 채권자에게 손해를 입힐 수 있으므로, 채권자의 승낙을 받아야 합니다. 이러한 상속재산분할협의는 상속개시 당시로 소급하여 효력이 있게 되는데 따라서 A가 상속재산 협의에 따라 아파트를 취득하였다면 상속개시 시부터 아파트를 단독 소유한 것으로 보게 됩니다.

제1012조(유언에 의한 분할방법의 지정, 분할금지)
피상속인은 유언으로 상속재산의 분할 방법을 정하거나 이를 정할 것을 제삼자에게 위탁할 수 있고 상속개시의 날로부터 5년을 초과하지 아니하는 기간 내의 그 분할을 금지할 수 있다.

제1013조(협의에 의한 분할)
① 전조의 경우 외에는 공동상속인은 언제든지 그 협의에 의하여 상속재산을 분할할 수 있다.

제1015조(분할의 소급효)
상속재산의 분할은 상속개시된 때에 소급하여 그 효력이 있다. 그러나 제삼자의 권리를 해하지 못한다.

상속재산분할협의서[11]

20XX년 X월 XX일 ○○시 ○○구 ○○동 ○○ 망 김망인의 사망으로 인하여 개시된 상속에 있어 공동상속인 김철수, 김영호, 김옥순은 다음과 같이 상속재산을 분할하기로 협의한다.

1. 상속재산 중 ○○시 ○○구 ○○동 ○○ 대 300m²는 김철수의 소유로 한다.
1. 상속재산 중 □□시 □□구 □□동 □□ 대 200m²는 김영호의 소유로 한다.
1. 상속재산 중 △△시 △△구 △△동 △△ 대 100m²는 김옥순의 소유로 한다.

위 협의를 증명하기 위하여 이 협의서 3통을 작성하고 아래와 같이 서명날인하여 그 1통씩을 각자 보유한다.

20○○년 ○월 ○○일

성명 김철수 ㉑
주소 ○○시 ○○구 ○○길 ○○
성명 김영호 ㉑
주소 ○○시 ○○구 ○○길 ○○
성명 김옥순 ㉑
주소 ○○시 ○○구 ○○길 ○○

---

11) 동 서식은 대한법률구조공단>법률정보>법률서식 홈페이지에서 확인할 수 있습니다.

〈심화〉 상속재산분할협의와 세금

상속재산분할과 관련하여 발생할 수 있는 세금 문제에 관하여 알아둘 필요가 있습니다. 아래에서는 자주 문의가 있는 문제들에 대하여 설명드리겠습니다.

Q. 법정상속지분을 초과하여 상속재산을 분할 받는 경우에, 초과한 부분은 다른 상속인으로부터 증여받은 것으로 보아 증여세가 부과되나요?

법정상속분을 초과하여 상속재산을 분할받더라도 추가로 증여세를 부담하지는 않습니다.

Q. 상속재산분할협의가 이루어져 상속등기가 이루어졌는데, 형제들 사이에 불만이 있어 다시 상속인 간에 분할을 하려고 합니다. 이 경우 증여세를 부담하여야 하나요?

이 경우에는 상속세 신고기한이 경과하였는지 여부에 따라 결론이 달라질 수 있습니다. 먼저, 상속세 신고기한 내에 상속재산의 재분할이 이루어진 경우에는 별도로 증여세가 부과되지는 않습니다. 그런데 상속세 신고기간 후에 특정 상속인이 정당한 사유 없이 당초 상속분을 초과하여 취득하는 재산은 그 분할에 의하여 상속분이 감소한 상속인으로부터 증여받은 것으로 보아 증여세가 과세되게 됩니다.

Q. 상속재산 협의 분할 시 상속지분을 포기하고 다른 상속인으로부터 현금을 수령한 경우 세금 문제는 어떻게 되나요?

상속재산의 협의분할 시 특정 상속인이 자신의 상속지분을 포기하고 그 대가로 다른 상속인으로부터 현금을 수령한 경우에는 그 상속인의 지분에 해당하는 재산이 다른 상속인에게 유상으로 이전된 것으로 보아 양도소득세가 부과될 수 있습니다.

〈심화〉 아버지가 돌아가시고 형과 제가 상속인이 되었는데, 상속재산 분할 협의가 잘 이루어지고 있지 않습니다. 어떻게 하여야 하나요?

상속인들 사이에 상속재산에 대한 분할 협의가 원만히 이루어지면 좋겠으나, 분할협의 과정에서 상속인들 사이에서 다툼이 있는 경우가 있습니다. 이처럼 공동상속인 사이에서 재산분할협의가 성립되지 않는 때에는 각 공동상속인들은 가정법원에 분할에 대한 조정을 신청할 수 있으며, 조정이 성립되지 않은 경우에 심판을 청구할 수 있습니다.

실무상 분할협의가 원만하게 진행되지 않아 가정법원의 심판에 의하여 재산분할이 이루어지는 경우가 많으며, 이 경우에는 전문가인

변호사의 도움을 받아 절차를 진행하는 것으로 추천 드립니다.

〈심화〉 저랑 오빠, 동생이 부동산을 공동으로 상속하였는데 오빠가
상속분할협의서를 위조하여 자신의 상속지분을 초과하여
본인 명의로 소유권이전등기를 하였습니다. 저는 어떻게 하
여야 하나요?

상속인은 상속으로 인하여 재산을 포괄 승계하게 되며, 공동상속인
들은 상속재산을 공유하게 됩니다. 따라서 원칙적으로 오빠를 상대
로 초과 취득한 지분에 대하여 소유권에 기하여 등기를 말소해 달라
는 소송을 제기할 수 있습니다. 이는 공동상속인이 아닌 제3자가 권
리를 침해하고 있을 경우에도 마찬가지이며, 만약 다른 사람이 상속
재산에 대하여 등기를 하고 있을 경우에도 공유 관계에 기한 권리에
기해 이전등기말소를 청구하거나 물건의 인도를 구할 수 있습니다.
다만 주의할 것은 이처럼 상속인의 상속분을 상속인이 아닌 자가
상속인인 것처럼 하여 침해하거나, 공동상속인이 자신의 상속분을 초

과하여 등기를 하는 등의 방식으로 침해한 경우(이러한 자들을 상속인을 '참칭'한다고 하여 참칭상속인이라고 합니다.) 상속인이 이러한 자들을 상대로 상속재산의 반환을 청구할 때에, 민법은 특히 이를 상속회복청구권이라고 하여, 그 침해를 안 날로부터 3년, 상속권의 침해행위가 있은 날로부터 10년을 경과하면 이러한 청구를 할 수 없도록 규정하고 있다는 것입니다.

이러한 규정을 둔 이유는 등기도 하지 않은 상속인에게 기간의 제한이 없이 반환을 청구할 수 있게 하면 장기간 권리관계가 불안정하게 되므로, 상속회복청구권에 관한 규정을 두어 상속인의 권리행사기간을 설정하여 거래의 안정을 도모하기 위한 것입니다. 거래의 안정을 위하여 상속인의 권리를 제한하고 있는 셈이지요.

따라서 상속인이 상속권의 침해를 이유로 권리를 행사할 경우에는 단기 제척 기간이 적용될 수 있으며, 사안의 경우에도 오빠가 등기를 한지 10년이 경과하였다면 권리행사가 제한될 수 있음을 유의할 필요가 있습니다.

제999조(상속회복청구권)
① 상속권이 참칭상속권자로 인하여 침해된 때에는 상속권자 또는 그 법정대리인은 상속회복의 소를 제기할 수 있다.
② 제1항의 상속회복청구권은 그 침해를 안 날부터 3년, 상속권의 침해 행위가 있은 날부터 10년을 경과하면 소멸된다.

4) 특별수익자와 기여분 - 재산분할시 특별한 사정의 고려

상속재산의 분할은 법정상속분대로 이루어지는 것이 원칙이나, 피상속인으로부터 재산을 미리 증여받은 자(이러한 사람을 특별수익자라 합니다.)가 있는 경우에는 이러한 사정을 고려하여 분배를 하는 경우가 있습니다.

예를 들어 광수에게는 영수, 옥순, 순자, 영호 네 명의 자녀가 있었는데, 광수는 첫째 영수가 결혼할 때, 상속재산을 미리 준다는 생각으로 신혼집의 전세금으로 2억 원을 주었습니다. 광수는 나머지 자녀들에게도 결혼할 때 전세금을 보태 줄 생각이었는데, 그만 갑작스러운 사고로 광수는 죽고 말았으며, 사망 당시 광수가 남긴 재산은 6억 원이었습니다. 만약 이 6억 원을 법정상속분대로 나누어 주면 영수, 옥순, 순자 영호가 각 1억 5천만 원씩 받게 되며, 영수는 사전에 2억 원을 증여받았으므로, 영수가 물려받은 총 재산은 3억 5천만 원이 됩니다.

언제 결혼했는지 등에 따라 상속받는 재산이 달라지는 이러한 결과는 상속인들 사이의 형평에 반한다고 할 것이므로, 민법은 이처럼 공동상속인 중에 피상속인으로부터 미리 재산의 증여 또는 유증을 받은 자가 있는 경우에는 상속재산을 미리 받은 것으로 보고, 그 수증재산이 자기의 상속분에 미치지 못하는 경우, 그 부족분에 한하여 상속분을 주장할 수 있도록 규정하고 있습니다. 따라서 사안의 경우 6억원에 영수가 미리 받은 2억 원을 더하여 상속재산을 계산하고(상속재산=8억 원), 이를 법정상속분대로 나누면 각 2억 원이 되는데, 영수는 2억 원을 미리 받았으므로, 상속재산을 추가로 받지 못하게 되는 것입니다.

이때, 미리 증여받은 가액이 법정상속분을 초과한 경우, 이를 반환하여야 하는지가 문제 되나, 법원은 초과증여분을 반환할 필요는 없다는 입장입니다. 또한 공동상속인의 특별수익이 문제되므로, 상속인이 상속을 포기하였다면, 이러한 문제는 발생하지 않으며, 상속인의 자녀나 배우자가 피상속인으로부터 증여를 받은 경우에도 특별수익으로 보지는 않습니다.

제1008조(특별수익자의 상속분)
공동상속인 중에 피상속인으로부터 재산의 증여 또는 유증을 받은 자가 있는 경우에 그 수증재산이 자기의 상속분에 달하지 못한 때에는 그 부족한 부분의 한도에서 상속분이 있다.

〈심화〉 얼마 전 아버지가 돌아가셨으며, 상속인은 오빠와 저 둘뿐입니다. 그런데 아버지가 돌아가시기 전, 오빠에게는 거액의 유학비를 대 주었습니다. 아버지가 남긴 재산은 아파트 한 채가 유일한데 이미 아버지로부터 많은 지원을 받은 오빠와 똑같이 상속을 받아야 한다니 억울합니다.

법원은 특별수익을 계산할 때에 피상속인의 생전의 자산, 수입, 생활수준, 가정상황 등을 참작하고 공동상속인들 사이의 형평을 고려하여 당해 생전 증여가 장차 상속인으로 될 자에게 돌아갈 상속재산 중 그의 몫의 일부를 미리 주는 것이라고 볼 수 있는지 여부에 의하여 결정한다고 보고 있습니다(대법원 2022. 3. 17. 2021다230083). 따라서 통상의 학비나 양육비는 특별수익으로 보지 않으나 사안의 경우처럼 오빠가 받은 다른 자녀에게는 주지 않는 거액의 유학비용의 경우 특별수익에 해당할 수 있고, 상속분을 계산할 때에 오빠가 받은 유학비가 상속분에 못 미칠 때 그 부족분에 한해서만 상속재산을 분배받을 수 있게 됩니다.

　앞서 특별수익과는 반대로 상속인이 피상속인을 부양하거나 재산 형성에 기여한 경우 상속분 산정 시 이를 고려하여 더 분배를 해 줄 필요가 있는 경우가 있습니다.

　예를 들어 피상속인이 지병으로 오랫동안 고통을 받았는데 이를 간호한 자녀가 있는 경우 똑같이 재산을 분배를 하여야 한다고 하면 간호를 한 자녀 입장에서는 억울한 면이 있을 것입니다. 그 자녀는 간병을 하면서 피상속인을 위하여 자신의 돈도 쓰고 육체적으로 고되며 시간적으로도 많은 희생을 것이기 때문입니다.

　또한 다른 예로 아버지가 운영하는 가게에 취업하여 월급도 제대로 정산받지 않고 열심히 일하여 자산의 증가에 기여한 자녀(A)가 있는 경우를 생각해 볼 수 있습니다. 아버지와 함께 열심히 가게를 키워왔으며, 당연히 가게를 물려받을 것으로 생각하고 있었는데 아버지의 급작스러운 사망으로 인하여 법정상속분에 따라 다른 자녀와 똑같이 재산을 상속받는다면 그 재산에 형성에 기여한 A씨의 노력은 보상을 받지 못하는 결과가 될 것입니다.

이에 민법은 기여분 제도를 두어 상속인 중에 상당한 기간 동안 동거, 그 밖의 방법으로 피상속인을 특별히 부양하거나 피상속인의 재산의 유지 또는 증가에 관하여 특별히 기여한 자가 있는 경우 이를 상속분 산정에 고려하도록 하여 상속인들 사이에 실질적인 형평이 이루어지도록 하고 있습니다(민법 제1008조의 2).

다만, 기여분이 인정되는 대표적인 경우가 앞서 말한 급료를 받지 않고 피상속인의 사업장에서 일하였거나, 피상속인을 오랫동안 요양 간호한 경우인데 노무나 간호를 하였더라도 대가가 지급되었다면 기여분이 인정되기는 어렵습니다.

이러한 기여분이 인정될 경우 기여분 액수는 상속재산에서 제외되며 나머지 상속재산을 상속분대로 나누어 가지게 됩니다. 이때 기여분의 액수는 상속인들이 협의로 정하고 협의가 이루어지지 않은 경우 가정법원이 이를 정하게 됩니다. 예를 들어 상속재산이 1억 원이고 기여분이 1,000만 원이 인정된다면 기여분을 제외한 9,000만 원에 대하여 상속인들끼리 상속분에 따라 재산의 분배가 이루어지게 됩니다.

제1008조의2(기여분)
① 공동상속인 중에 상당한 기간 동거·간호 그 밖의 방법으로 피상속인을 특별히 부양하거나 피상속인의 재산의 유지 또는 증가에 특별히 기여한 자가 있을 때에는 상속개시 당시의 피상속인의 재산가액에서 공동상속인의 협의로 정한 그 자의 기여분을 공제한 것을 상속재산으로 보고 제1009조 및 제1010조에 의하여 산정한 상속분에 기여분을 가산한 액으로써 그 자의 상속분으로 한다.
② 제1항의 협의가 되지 아니하거나 협의할 수 없는 때에는 가정법원은 제1항에 규정된 기여자의 청구에 의하여 기여의 시기·방법 및 정도와 상속재산의 액 기타의 사정을 참작하여 기여분을 정한다.

5) 유류분 - 재산처분 자유의 예외

우리나라는 사적자치의 원칙에 따라 유언의 자유를 인정하고 있습니다. 따라서 유언자는 자신의 재산을 자유롭게 처분을 할 수 있으며, 자신의 자녀 중 마음이 쓰이는 특정 자녀에게 자신의 전 재산을 줄 수도 있고, 어떤 자녀에게는 아무런 재산을 남기지 않는 유언을 하는 것도 가능합니다. 과거에는 특히 장남에게 자신의 재산을 모두 물려주고, 딸은 출가외인이라 하여 별다른 재산을 물려주지 않는 경우도 흔하였습니다.

그런데 이처럼 무제한의 유언의 자유를 인정하여 특정 상속인에게 전혀 상속재산을 남기지 않는 것을 허용하는 것은 상속제도를 통해 상속인의 생계를 보장하고 또한 상속재산 형성에 기여한 가족이 재산을 청산받는 성격이 있는 법정상속제도의 취지에 일부 반하는 측면이 있다고 할 것입니다.

이에 우리 민법은 유류분제도를 두어 유언의 자유와 법정상속제도의 절충을 꾀하고 있는데, 유류분제도란 일정 범위의 상속인(피상속인의 직계비속, 배우자, 직계존속[12])에 대하여 피상속인의 상속재산 중 일정 비율을 확보해 주는 제도를 말합니다. 이러한 유류분 제도가 있어 피상속인의 유언장에 따르면 상속을 전혀 받지 못하는 상속인이 있더라도 유류분반환청구를 통해 일부라도 상속 재산을 받을 수 있게 됩니다.

이러한 유류분권은 재산권의 일종이므로 반드시 행사할 필요는 없고, 유류분권자가 이를 포기할 수 있음은 물론이며, 양도나 상속의 대상도 됩니다. 또한 꼭 소송의 방법으로 할 필요는 없으나, 달라고 해서 순순히 주는 경우는 흔하지 않으므로 통상의 경우 소송에 의하여 문제가 해결되는 경우가 많다는 것입니다.

특히 조심할 것은 유류분의 반환청구는 상속의 개시와 유증, 증여가 유류분을 침해하여 반환청구를 할 수 있음을 안 날로부터 1년 이내에 청구하여야 하며, 이러한 사실을 몰랐더라도 상속이 개시된 날로부터 10년이 지나면 이를 행사할 수 없음을 유념하여야 하며, 유류분

---

12) 종래 민법은 유류분권자에 형제, 자매도 포함되었으나, 최근 헌법재판소가 위헌 결정하여 유류분권자에 형제자매는 제외되었습니다(헌법재판소, 2024. 4. 25. 2020헌가4, 14, 2022헌가11, 12, 17, 38, 2023헌가22(병합) 등)

침해 사실을 알게 되었다면 조속히 권리를 행사할 필요가 있습니다.

〈참고〉 유류분의 계산

유류분을 계산하여 청구하는 일은 간단한 일이 아닙니다. 아래의 내용이 복잡하나, 독자 여러분은 '법정상속분의 1/2이 유류분이 된다.' 정도를 알고 계셔도 무방할 것으로 생각됩니다. 좀 더 깊게 아실 분들은 아래의 통하여 대략이나마 유류분 액수에 대하여 감을 잡는 것에 도움이 되었으면 합니다.

유류분은 유류분 산정의 기초가 되는 재산액에 그 상속인의 유류분의 비율을 곱하는 방식으로 계산됩니다.

유류분 산정의 기초가 되는 재산액은 상속재산에 증여재산을 더하여 계산합니다. 이렇게 사전 증여재산을 유류분 산정의 기초 재산에 포함시키지 않는다면, 사망 전 재산을 모두 증여해 버린다면 유류분 제도가 유명무실해질 것이기 때문으로 상속인들 사이에 공평을 기하기 위해 이러한 금원들은 상속재산을 미리 준 것으로 보아 더해 주는 것입니다.

다만 이때 피상속인을 특별히 부양하거나 재산 증식에 기여하여 증여를 받은 상속인의 증여재산도 유류분 산정의 기초가 되는 재산에 포함시킬 것 인지에 관하여 다툼이 있었는데 최근 헌법재판소는 이러한 기여분에 관한 민법 제1008조의2를 유류분에 준용하는 규정을 두고 있지 않은 민법 제1118조는, 피상속인을 오랜 기간 부양하거나 상속재산형성에 기여한 기여상속인이 기여의 대가로 받은 증여재산을 비기여상속인에게 반환하여야 하는 부당한 상황을 발생시키고, 기여상속인에게 보상을 하려고 한 피상속인의 의사를 부정하는 불합리한 결과를 초래하는 등 현저히 불합리하므로 기본권제한입법의 한계를 일탈하여 헌법에 위반된다고 판시하였습니다. 따라서 유류분에 있어서도 이러한 기여분을 반영하도록 법이 개정될 것으로 보입니다.

이때, 증여재산은 상속인이 재산을 증여받은 경우에는 특별한 기간의 제한이 없이 모두 더하며, 상속인이 아닌 제3자가 증여받은 재산은 원칙적으로 상속개시 전의 1년간에 행하여진 것에 한하여(단, 당사자 쌍방이 유류분권리자에 손해를 가할 것을 알고 증여를 한 때에는 1년 전에 한 것도 포함.) 그 가액을 더하게 됩니다. 유류분 산정의 기초가 되는 재산액에는 엄밀히 말하면 증여는 아니지만 비슷한 실질을 가진 이익의 분여도 이에 포함되게 되는데 예를 들어 피상속인이 제3자를 수익자로 하여 생명보험에 가입한 경우, 제3자가 수령하는 보험금도 유류분 산정의 기초 재산에 포함되게 됩니다.

한편, 유류분의 비율은 법정상속분에서 일정 비율만 보장하고 있는데, 직계비속과 배우자는 계산된 법정상속분의 2분의1, 피상속인의 직계존속과 형제자매는 그 법정 상속분의 3분의1로 정하고 있습니다. 예를 들어 아버지가 돌아가셨고, 상속인에는 자녀 두 명만 있을 경우에 유류분은 법정상속분인 1/2에 다시 1/2을 곱한 1/4이 유류분

금액이 됩니다.

이렇게 계산된 유류분은 구체적으로는 유류분의 부족액에 대하여 먼저 유증을 받은 자에 대하여 반환을 청구하고 부족분이 있을 경우 생전 증여를 받은 자에 대하여 반환을 청구하는 형태로 이루어집니다. 유류분의 부족액이란 표현을 쓰는 이유는 유류분 중 상속인이 받지 못한 부족액에 대하여만 반환을 청구할 수 있기 때문입니다. 따라서 유류분 반환청구를 할 때에는 유류분 반환을 청구하는 자가 이미 지급을 받은 금액이 있는 경우에는 이를 차감한 금액을 청구하게 됩니다. 또한 유류분 반환청구액을 계산할 때에는 당해 유류분권자가 분담하게 된 상속채무액을 더하여 주는데 앞서 생계의 목적 등으로 상속인에게 최소한도 비율을 보장해 주기 위한 유류분제도의 취지를 반영한 것입니다.

이처럼 유류분 부족액의 계산은 유류분 액에서 이미 지급을 받은 당해 유류분권리자가 받은 금액을 차감하고, 상속으로 인하여 부담하게 된 채무액을 더하여 계산되게 되며, 이렇게 계산된 만약 유증을 받은 자가 수인인 경우에는 각자가 받은 재산 가액에 비례하여 반환을 할 의무를 부담하게 됩니다. 이상의 내용을 계산식으로 정리하면 아래와 같습니다.

유류분액 - 당해 유류분권리자가 받은 금액(= 당해 유류분권리자의

특별수익액 + 당해 유류분권리자가 상속에 의하여 받은 재산액) + 상
속채무 분담액

　최근 이러한 유류분 제도에 대해서는 많은 비판이 있는 실정입니
다. 과거와는 달리 평균 수명이 길어지고, 또한 소득이 높아지면서 이
미 상속인에게 경제적 능력이 있는 경우가 많아 생계보장을 위한 유
류분제도의 취지가 많이 퇴색되었고, 또한 한 마을에서 함께 일하며
공동체를 이루고 살던 과거와는 달리 피상속인과 상속인의 관계가
천차만별이기 때문이죠.
　이에 피상속인의 자녀라 하여도 부모를 떠나 오랫동안 연을 끊고
살면서 사실상 방치하고 전혀 부양의무를 이행하지 않던 자녀가 부
모 사망 후 갑자기 나타나 유류분을 청구한다고 하여 유류분을 보장
해 주는 것은 타당하지 않다는 비판과 피상속인의 형제·자매에게까
지 유류분을 인정해 줄 필요가 있는 것인지에 대한 비판이 제기되었
습니다.

　이에 헌법재판소는 피상속인을 장기간 유기하거나 정신적·신체적
으로 학대하는 등의 패륜적인 행위를 일삼은 상속인의 유류분을 인
정하는 것은 일반 국민의 법감정과 상식에 반한다고 할 것이므로, 민
법 제1112조에서 유류분 상실사유를 별도로 규정하지 아니한 것은
불합리하다고 아니할 수 없다고 보아 위헌(헌법불합치)를 결정을 하

였고, 또한 피상속인의 형제자매는 상속재산 형성에 대한 기여나 상속재산에 대한 기대 등이 거의 인정되지 않음에도 불구하고 유류분권을 부여하는 것은 그 타당한 이유를 찾기 어렵다는 이유로 위헌 결정을 하였습니다.

이에 형제·자매는 유류분권자에서 제외되었고, 피상속인의 직계존속이 피상속인에게 부양의무를 다하지 않았거나 중대범죄행위를 하거나 그밖에 심히 부당한 대우를 한 경우에 청구에 따라 법원이 상속권 상실을 선고할 수 있도록 민법이 개정되었습니다.

보 도 자 료

유류분에 관한 위헌제청 및 헌법소원 사건

──┤ 선 고 ├──

헌법재판소는 2024년 4월 25일 재판관의 일치된 의견으로, ① 피상속인의 형제자매의 유류분을 규정한 민법 제1112조 제4호를 단순위헌으로 결정하고, ② 유류분상실사유를 별도로 규정하지 아니한 민법 제1112조 제1호부터 제3호 및 기여분에 관한 민법 제1008조의2를 준용하는 규정을 두지 아니한 민법 제1118조는 모두 헌법에 합치되지 아니하고 2025. 12. 31.을 시한으로 입법자가 개정할 때까지 계속 적용된다는 결정을 선고하였다[위헌 및 헌법불합치].

제3장

상속!!
받을 것인가, 말 것인가?

1.
단순승인 - 빚보다 상속재산이 많다면?

　상속재산을 확인한 결과 물려받을 재산이 빚보다 많은 것이 명백하다면 단순승인을 하면 됩니다. 단순승인을 하게 되면 망인의 재산과 빚을 모두 상속받게 되어 망인의 빚도 변제할 의무를 부담하게 됩니다.

　우리 민법은 단순승인을 원칙으로 하고 있어 상속포기나 한정승인과는 달리 단순승인의 경우 별다른 조치를 할 필요가 없습니다. 즉 통상 사망일로부터 3개월 이내에 상속포기나 한정승인 등을 하지 않으면 단순승인을 한 것으로 보게 됩니다. 오히려 유의하여야 할 것은 원하지 않음에도 불구하고 단순승인이 되어 채무를 승계받게 되는 경우입니다. 즉 상속인이 상속재산에 대하여 처분행위를 하거나 한정승인 또는 포기를 한 후에 상속재산을 숨기거나 소비하거나 고의로 재산 목록에 기입하지 아니한 때에는 단순승인을 한 것으로 하고 있습니다. 따라서 상속포기나 한정승인을 하고자 할 때에는 결정이 있기 전에는 상속재산을 건드리지 않고 최대한 현상을 유지하는 것이

좋으며 특히 법원은 상속채권을 추심하여 변제받는 행위도 처분행위로 보므로 유의할 필요가 있습니다. [13]

〈심화〉 아버지가 돌아가셨는데, 채무가 많을 것으로 예상되어, 한정승인을 신청을 한 상황입니다. 그런데 장례지도사가 장례비의 경우 아버지의 통장에서 사용해도 된다고 하는데 맞는지요?

원칙적으로 장례비용의 지출은 처분행위가 되지 않는다고 할 것이지만, [14] 추후 처분행위 여부에 대하여 다툼이 있을 수 있으므로, 상속재산에 이를 사용하는 것은 자제하고 혹 사용하게 되더라도 증빙을 잘 갖추어 놓을 필요가 있습니다.

분쟁을 미연에 예방하기 위해서는 장례비는 상속에 관한 비용으로

---

13) 대법원 2010. 4. 29. 선고 2009다84936.
14) 김주수/김상용, 앞의 책, 777쪽.

우선 변제를 받는 것이 가능하므로, 일단 자신의 비용으로 계산하고 (이때 증빙을 잘 갖추어 놓아야 할 것입니다.) 한정승인 결정이 있은 후 상속재산에서 이를 우선하여 변제를 받는 것도 방법이라고 할 것입니다.

2.
상속포기와 한정승인
- 빚이 상속재산보다 많다면?

가. 상속포기

1) 상속포기란? - 상속포기의 효과

　상속재산 확인 결과 물려받을 재산보다 빚이 많은 것이 명백하다면, 상속을 포기하는 것을 고려해 볼 수 있습니다. 상속을 포기하게 되면 처음부터 상속인이 아닌 것으로 되어, 빚을 상속받지 않은 대신[15] 재산도 상속받지 못하게 됩니다.

　상속인이 아닌 것으로 되므로, 공동상속인 중 한 명이 상속을 포기하면, 다른 상속인들이 그 상속인의 상속분만큼 상속분이 늘어나게 되며, 동순위의 공동상속인들이 모두 상속포기를 하게 되면, 그 순위의 상속인이 없게 되므로, 후순위 상속인이 상속을 받게 됩니다. 이러한 상속포기는 조건을 붙이거나, 일부만 포기할 수도 없으며, 특정한 상속인을 위하여 자신의 상속분을 포기하는 것도 허용되지 않습니다.

---

15)　따라서 원칙적으로 피상속인의 체납 세금에 대해서도 납부할 의무가 없습니다.

사례 중에는 할아버지가 빚이 많은 채로 사망하여, 자녀들이 상속을 포기하였는데, 이 경우 손·자녀들이 이를 상속하게 된다는 사실을 알지 못하여, 손·자녀들은 상속을 포기하지 않아 빚을 상속하게 된 사례가 있습니다.

또한 보다 복잡한 사례로 빚이 많은 아버지가 사망하여 자녀들이 상속포기를 하였는데, 그 결과 빚이 살아 계신 할아버지에게 상속되었고, 다시 할아버지가 사망하여, 자녀들이 빚을 대습상속된 안타까운 사례도 있습니다.[16] 이 경우에는 다시 대습상속으로 인한 채무도 별도로 상속포기를 하거나 애초에 한정승인을 하였어야 하는 것이지요.

아버지	자녀(상속포기)	할아버지	대습상속	손·자녀
빚	→	빚	→	빚

그러므로 빚이 많아 상속포기를 할 때에는 반드시 가족들과 협의하며 가족관계등록부를 확인하여 피상속인의 4촌에 해당하는 후순위 상속인까지 모두 상속을 포기할 필요가 있으며, 필요할 경우 변호사의 도움을 받아 꼼꼼하게 절차를 진행할 필요가 있습니다.

---

16) 상속포기의 효력은 피상속인의 사망으로 개시된 상속에만 미치고, 그 후 피상속인을 피대습자로 하여 개시된 대습상속에까지는 미치지는 않는다(대법원2017. 1. 12. 선고 2014다39824 판결).

제1042조(포기의 소급효) 상속의 포기는 상속개시된 때에 소급하여 그 효력이 있다.

제1043조(포기한 상속재산의 귀속) 상속인이 수인인 경우에 어느 상속인이 상속을 포기한 때에는 그 상속분은 다른 상속인의 상속분의 비율로 그 상속인에게 귀속된다.

〈심화〉 상속을 포기하였는데, 나중에 알고 보니 할아버지께 숨겨진 재산이 있는 것을 알게 되었습니다. 돌아가신지 아직 3개월이 지나지 않았는데, 이 경우 상속포기를 취소할 수는 없나요?

일단 상속재산포기심판청구서가 가정법원에 수리가 되면, 설령 포기 기간 내라고 하더라도, 원칙적으로 이를 다시 취소할 수는 없습니다. 다만 상속포기에 착오나 사기 등이 있었다는 이유로 상속포기를 신고한 가정법원에 상속포기의 취소 신고를 하는 것이 불가능한 것은 아니나, 실무상 이러한 이유로 상속포기가 인정되기는 쉽지 않습니다. 따라서 상속포기는 신중하게 할 필요가 있다고 할 것입니다.

제1024조(승인, 포기의 취소금지) ① 상속의 승인이나 포기는 제1019조 제1항의 기간 내에도 이를 취소하지 못한다.
② 전항의 규정은 총칙편의 규정에 의한 취소에 영향을 미치지 아니한다. 그러나 그 취소권은 추인할 수 있는 날로부터 3월, 승인 또는 포기한 날로부터 1년 내에 행사하지 아니하면 시효로 인하여 소멸된다.

2) 상속포기는 언제까지, 어떻게 하여야 하는가?
- 상속포기의 방법, 기간

상속재산에 대한 채권자 등 이해관계인들은 상속인이 빨리 확정되지 않으면, 그 기간 동안은 이해관계인들은 가지고 있는 채권의 행사나 처치가 곤란할 것입니다. 따라서 민법은 상속 관련 재산관계의 조기 확정을 위해 상속포기는 상속개시 있음을 안 날로부터 3개월 내에만 할 수 있도록 하고, 3개월 내에 상속포기를 하지 않을 경우 상속을 승인한 것으로 보고 있습니다. 여기서 안 날이라 함은 통상 피상속인의 사망 사실을 안 날이 됩니다. 이때 기간의 진행에는 채무의 존재나 상속포기제도를 몰랐다는 사정 등은 영향을 미치지 않으나, 다만 상속 관련하여 소송의 진행되고 있는 등의 사정으로 진정한 상속인이 확정되지 않은 상태였다면, 이러한 소송 등이 종료되어 상속인이 확정된 때가 상속개시 있음을 안날에 해당한다고 할 것입니다. 또한 상속포기는 상속개시 전에 이루어질 수 없으며, 피상속인의 사망 이전에 상속포기는 효력이 없습니다. 따라서 사망 전에 상속포기각서를 작성하였더라도 상속권을 주장할 수 있습니다.[17] 앞서 성경에서 야

---

17) 유류분을 포함한 상속의 포기는 상속이 개시된 후 일정한 기간 내에만 가능하고 가정법원에 신고하는 등 일정한 절차와 방식을 따라야만 그 효력이 있으므로, 상속개시 전에 한 상속포기약정은 그와 같은 절차와 방식에 따르지 아니한 것으로 그 효력이 없다 할 것이고(대법원 1994. 10. 14. 선고 94다8334 판결 참조), 따라서 상속인 중의 1인이 피상속인의 생존 시에 피상속인에 대하여 상속을 포기하기로 약정하였다고 하더라도, 상속개시 후 민법이 정하는 절차와 방식에 따라 상속포기를 하지 아니한 이상, 상속개시 후

곱이 팥죽을 얻어먹는 대신에 상속을 포기한다고 약정을 하였더라도 효력이 없으며, 야곱은 여전히 상속권을 주장할 수 있었던 것이지요.

이러한 상속포기는 아래의 상속포기신고서를[18] 법원에 제출하고, 법원이 이를 심사하여, 심판 결정을 내리는 순서로 이루어집니다.

에 자신의 상속권을 주장하는 것은 정당한 권리행사로써 권리남용에 해당하거나 또는 신의칙에 반하는 권리의 행사라고 할 수 없다고 할 것이다. (대법원 1998. 7. 24. 선고 98 다9021 판결)

18) 아래 서식은 대한민국법원 대국민서비스/전자민원센터/양식모음에서 상속재산포기심 판청구서를 검색하면 다운받을 수 있습니다.

상속재산포기 심판청구서

청구인(상속인)

    1. 성명: 주민등록번호: -

    주소:

    송달장소:(연락 가능한 전화번호:)

    2. 성명   주민등록번호: -

    주소:

    송달장소: (연락 가능한 전화번호:)

청구인   은(는) 미성년자이므로 법정대리인   부

                                  모

    (연락 가능한 전화번호:)

사건본인(피상속인)

    성명: 주민등록번호: -

    사망일자:

    최후주소:

청구취지

"청구인들이 피상속인 망   의 재산상속을 포기하는 신고는 이를 수리한다."라는 심판을 구합니다.

청구원인

[1순위 상속인인 경우]

청구인들은 피상속인 망   의 재산상속인으로서 20 . . . 상속개

시가 있음을 알았는바, 민법 제1019조에 따라 재산상속을 포기하고자
이 심판청구에 이른 것입니다.

[차순위 상속인인 경우]

청구인들은 피상속인 망   의 차순위 재산상속인으로서 선순위 상속
인들이 모두 상속을 포기함으로써 20 . . . 상속개시가 있음을 알았
는바, 민법 제1019조에 따라 재산상속을 포기하고자 이 심판청구에 이
른 것입니다.

첨부서류

1. 청구인들의 가족관계증명서(상세), 주민등록등본 각 1통
2. 청구인들의 인감증명서(또는 본인서명사실확인서) 각 1통
   ※ 청구인이 미성년자인 경우 법정대리인(부모)의 인감증명서를 첨부함.
3. 피상속인의 폐쇄가족관계등록부에 따른 기본증명서(상세), 가족관
   계증명서(상세) 각 1통
4. 피상속인의 말소된 주민등록등본 1통
5. 가계도(직계비속이 아닌 경우) 1부

                    20 . . .

         청구인   1.   ㉔ (인감 날인)

                  2.   ㉔ (인감 날인)

                  3.   ㉔ (인감 날인)

         청구인   은(는) 미성년자이므로

         법정대리인 부   ㉔ (인감 날인)

                 모   ㉔ (인감 날인)

                              법원 귀중

〈심화〉 저는 이미 갚아야 할 빚이 많은 상황으로, 상속을 받아도 채권자에게 다 회수당할 상황입니다. 이에 저는 상속을 포기하여 유일한 가족인 여동생에게 아버지의 유산이 상속되도록 하고 싶습니다. 그런데 이렇게 권리를 포기할 경우, 채권자들이 이를 취소할 수 있다고 하는데 맞는지요?

그래서는 아니 되겠지만, 채무자가 돈을 빌린 후에, 이를 갚지 않기 위해, 자신의 재산을 특정인에게 넘기는 방식 등으로 재산을 숨기는 경우가 있습니다. 이를 통하여 채권자의 채권회수를 어렵게 하는 것이지요. 이러한 행위를 사해행위라 하며, 민법은 이러한 경우 채권자의 보호를 위하여 거래행위를 취소할 수 있는 규정을 두고 있는데, 이를 채권자취소권이라고 합니다.

사안의 경우 일응 자신의 상속권을 포기하여 채권자의 채권회수를 어렵게 하였으므로, 채권자 입장에서는 사해행위에 해당한다고 볼 수 있으나, 대법원은 상속포기는 재산법적행위가 아니라, 인적결단의 성격을 가지고 있으므로, 사해행위취소의 대상이 되지 못한다고 보고 있습니다(대법원 2011.6.9. 선고 2011다29307 판결).

따라서 사안의 경우 상속포기를 하더라도 채권자가 이를 다시 취소할 수는 없습니다.

다만 이때 법원에 상속포기를 하는 것이 아니라, 뒤에 설명할 상속재산분할협의 과정에서 자신의 상속분에 관한 권리를 포기한 경우에는 사해행위에 해당하며 따라서 취소의 대상이 될 수 있다는 것이 법원의 태도입니다(대법원 2007.7.26. 선고 2007다29119 판결). 그러므로 이러한 사해행위 취소소송을 피하려면 상속재산분할협의가 아닌 법원에 상속포기 절차를 취할 필요가 있습니다.

〈심화〉광고를 보면, 생명보험을 들고 수익자를 상속인으로 지정하면, 상속포기를 하더라도 보험금을 받을 수 있다고 하는데 맞나요?

생명보험금은 상속재산이 아니며, 이러한 생명보험금은 상속인의 지위에서 받는 것이 아니라, 보험계약에 따른 보험수익자의 지위에서 받는 것이므로, 상속포기를 하더라도 보험금을 받을 수 있습니다. 하지만 이러한 보험금의 경우, 상속세 납부 대상은 될 수 있음을 유의하여야 합니다.

〈심화〉미성년 자녀의 경우 상속포기는 어떻게 하여야 하나요?

원칙적으로 친권자는 법정대리권이 있으므로, 미성년 자녀는 친권자인 부모가 대신하여 상속포기를 할 수 있습니다. 그런데 친권자인 부모는 상속포기를 하지 않고, 자녀만 상속포기를 하는 경우, 자녀의 상속분은 부모에게 귀속되게 되므로 부모로서는 상속재산을 독차지하기 위해 자녀의 상속을 포기시킬 유인을 갖게 됩니다. 이처럼 부모와 자녀 간의 이해가 다를 경우 민법은, 특별대리인을 선임하여, 상속포기 절차를 거치도록 하고 있습니다(민법 제921조 제1항). 따라서 부모와 자녀가 모두 상속포기할 경우는 상관없으나, 부모는 상속을 포기하지 않고, 자녀만 상속을 포기할 경우 등에는 특별대리인을 선임하여 미성년자를 대리하여야 합니다.

나아가 미성년자 자녀가 수인 있는 경우에도, 부모가 편파적으로 특정 자녀에게 이익을 주거나 손해를 끼칠 우려가 있으므로 수인의 자 사이에 이해가 상반되는 행위를 할 경우(예를 들어 특정 자녀의 상속만 포기하는 경우)에도 특별대리인 선임을 청구하여야 합니다(민법 제921조 제2항).

이때 특이한 것은 특별대리인 선임이 필요한 경우는 미성년자인 수인의 자녀가 있는 경우이며, 성년인 자녀와 미성년자 자녀가 있을 경우에는 특별대리인의 선임이 필요하지 않는다는 것입니다. 따라서 예를 들어 성년인 자녀를 위하여 부모가 미성년자를 대리하여 본인과 미성년자의 상속을 포기하더라도 이러한 상속포기는 유효하다는 것이 판례의 태도인데(대법원 1989.9.12. 선고 88다카28044판결), 이러한 경우를 미성년자인 자녀가 수인 있는 경우와 달리 취급할 이유가 있는지 의문이라고 할 것입니다.

〈심화〉 상속포기를 하였는데, 아버지의 채권자로부터 저에게 채무를 변제하라는 취지의 소장이 송달되었습니다. 상속포기를 하였으므로, 대응을 하지 않고 가만히 있어도 되는지요?

상속포기를 하게 되면 소급하여 상속인이 아니게 되므로, 채무를 변제하지 않아도 되는 것은 맞습니다. 다만 그렇더라도 우리 민사소송법은 변론주의라 하여 당사자에게 자신에게 유리한 사실을 주장할 책임을 지우고 있으므로, 상속포기를 하였더라도 이를 법정에서 주장하지 않으면, 패소할 수 있으며, 이는 뒤에 살펴볼 한정승인을 한 경우에도 마찬가지입니다.

따라서 이러한 소장이 송달된 경우 상속포기(혹은 한정승인)을 하였다는 사실이 기재된 답변서를 제출하여야 합니다.

나. 한정승인

1) 한정승인이란? - 한정승인의 효과

재산 조회를 하였더라도 빚과 재산의 규모를 정확히 알 수 없는 경우에는 한정승인을 해야 합니다. 한정승인이란 상속으로 인하여 취득할 재산의 한도에서 피상속인의 채무와 유증을 변제할 것을 조건으로 상속을 승인하는 것을 말합니다(민법 제1028조). 한정승인을 하게 되면 상속재산의 한도 내에서 빚을 변제하면 되고, 상속인의 재산으로 이를 변제할 책임은 없습니다. 또한 한정승인을 한 경우 상속재산은 상속인의 고유재산과 분리되며, 한정승인을 한 상속인은 상속을 시작한 날부터 청산 종료 시까지 상속재산을 관리해야 할 의무를 부담합니다(민법 제1022조).

이러한 한정승인은 통상 아래와 같은 과정으로 이루어집니다.

〈심화〉 한정승인 심판 청구를 한 상황입니다. 그런데 아버지가 친구에게 돈을 빌려준 사실을 알게 되었는데, 상속재산 관리의 일환으로 친구분에게 돈을 변제받아도 되는지요?

민법은 상속인이 상속재산에 대한 처분행위를 한 때에는 단순승인을 한 것으로 보고 있으며, 이를 법정단순승인이라고 합니다(민법 제1026조). 따라서 피상속인이 사망한 후에 피상속인의 재산을 사용하는 것에는 특히 주의가 필요합니다. 특히 법원은 채권의 추심하여 변제받는 행위도 재산의 처분행위로 보고 있습니다(대법원 2010. 4. 29. 선고 2009다84936판결). 따라서 한정승인 심판 청구를 하였더라도 수리심판의 고지가 있기 전에는 적극적으로 채권을 추심하는 행위를 하여서는 안 된다는 점을 유의할 필요가 있습니다.

〈심화〉 아버지가 빚이 있는 것으로 알고 있어, 상속포기 내지는 한정 승인을 하려고 합니다. 이 경우 장례비를 부의금으로 지불하 더라도 상속포기 혹은 한정승인을 할 수 있을까요?

부의금은 상호부조를 목적으로 유족에게 지급되는 돈으로서 상속 재산이 아닌 유족들의 고유재산입니다. 따라서 이를 사용하더라도 단순승인으로 간주되지 않습니다. 나아가 부의금으로 장례비용에 충당하기 부족한 경우, 상속재산을 사용할 수 있을지 문제 되는데, 법원은 장례비용은 합리적인 범위 내라면 상속에 관한 비용으로 이를 지출하더라도, 한정승인을 할 수 있다는 입장으로,[19] 상속재산에서 장례비용을 사용할 수는 있다고 할 것이나, 추후 분쟁소지를 예방하기 위해서는 한정승인을 할 의사가 있다면 되도록, 한정승인 결정이 되기 전에는 피상속인의 재산을 사용하지 않는 것이 바람직하며, 일단 상속인의 재산으로 장례비를 지급한 후, 한정승인 청구 시에 장례비 항목을 두어 비용을 기재하고, 한정승인 결정인 난 후에 상속에

---

19) 해약환급금은 상속에 관한 비용으로 모두 지출되어 남지 않게 되었다 할 것이므로, 피고들이 한정승인 신고시 해약환급금을 상속재산의 목록에 기재하지 아니하였다 하여 상속재산을 은닉하여 상속채권자를 사해할 의사로 기입하지 아니한 것이라고 볼 수는 없다. 따라서 원심이 이 사건 한정승인을 유효하다고 판단한 것은 정당하다(대법원 2003. 11. 14. 선고 2003다30968)

관한 비용으로 우선 변제하는 것을 고려해 볼 필요가 있다고 할 것입니다.

2) 한정승인은 언제까지, 어떻게 하여야 하는가?
- 한정승인의 방법, 기간

가) 한정승인의 신고

상속인은 원칙적으로 상속개시 있음을 안 날로부터 3월 이내에 상속재산 목록 등의 서류를 첨부하여 가정법원에 한정승인 신고를 하여야 합니다(민법 제1030조). 여기서 상속개시 있음을 안 날에 대하여 법원은 통상적으로는 피상속인이 사망한 사실을 알았다면, 상속개시가 있음을 알았다고 보고 있으며, 상속재산 또는 채무의 존재를 알아야만 고려기간이 진행되는 것은 아닙니다. 따라서 예를 들어 아버지의 사망 사실을 알았다면, 그때부터 3개월 이내에 한정승인을 하여야 합니다.

다만, 이때 피상속인의 빚이 있음을 알지 못하여, 자녀들이 거액의 채무를 상속 받는 일이 자주 발생하자, 민법은 특별 규정을 두어 상속받은 빚이 상속받은 재산을 초과하는 사실을 중대한 과실 없이 알지 못하여 단순승인을 한 경우에는 그 사실을 안 날부터 3개월 이내에 한정승인을 할 수 있도록 규정을 두었고, 미성년자가 성년이 되기 전에 상속을 단순승인한 경우에는 과실 여부를 묻지 아니하고, 성년이 된 후 상속받은 빚이 상속받은 재산을 초과한다는 사실을 안 날부터 3개월 이내에 한정승인을 할 수 있도록 규정하고 있습니다(민법 제 1019조).

또한 한정승인 신고는 상속인만 할 수 있습니다. 따라서 2순위 상속인은 1순위 상속인이 상속포기를 하는 등의 사정이 없는 이상, 먼저 한정승인을 할 수는 없습니다. 또한 상속인들이 모두 한정승인을 할 필요는 없으며, 일부는 한정승인을 하고, 다른 사람은 상속포기를 하는 것도 가능합니다. 실무적으로는 절차상 편의 때문에 1순위 상속인들 중 나머지 사람들은 상속포기를 하고, 1인만 한정승인을 하는 경우가 많습니다. 그리고 만약 다른 상속인들이 연락이 되지 않는다면, 먼저 한정승인을 신청하는 것도 가능합니다.

특히 관련하여 과거에는 부부 중 일방이 사망하였을 경우, 자녀들은 상속포기하고 배우자가 한정승인하였을 경우, 채무가 손자녀들에게 상속되어 문제되는 경우가 많았습니다. 이에 대법원은 판례를 변경하여 자녀들이 채무를 포기하였을 경우 배우자가 이를 단독 상속하도록 하였고, 이에 배우자가 한정승인하더라도 손자녀들에게 채무가 상속되지는 않게 되었습니다.

한정승인 신청 시 기본적인 필요서류는 아래와 같습니다.

피상속인 관련: 가족관계증명서, 제적등본, 주민등록말소자 등·초본, 기본증명서(사망신고가 표시된 것)

상속인 관련(청구인 별 1부씩) : 가족관계증명서, 주민등록등·초본, 인감증명서

기타: 인감, 상속인이 직계비속이 아닐 경우 가계도

또한 재산목록을 제출하여야 하는데, 그 내역은 아래와 같습니다.

적극재산: 원스톱 안심상속 서비스 조회결과, 지적전산자료조회결과, 부동산등기부등본, 주택(상가) 임대차 계약서(보증금을 반환 받을 경우), 자동차등록원부, 이륜자동차등록대장, 보험증권, 예상환급금증명서, 잔고증명서 등

소극재산: 신용정보조회서, 부채증명서, 피상속인 채무에 대한 결정문/판결문, 독촉장, 주택(상가)임대차 계약서(보증금을 반환 해야 할 경우), 국세(납세증명서or체납내역), 지방세(납세증명서or체납내역), 보험료(완납증명or미납 내역)

상속한정승인심판청구[20]

청구인(상속인)   이상속 (주민등록번호)

                    주소 XX시 XX구 XX길 (우편번호)

                    전화 ○○○ - ○○○○

사건본인(피상속인)   이망인 (주민등록번호)

                    사망일자 20○○. ○. ○.

                    최후주소 ○○시 ○○구 ○○길 ○

청구취지

청구인이 피상속인 망 이상속의 재산상속을 함에 있어 별지 상속재산 목록을 첨부하여서 한 한정승인 신고는 이를 수락한다.
라는 심판을 구합니다.

청구원인

청구인들은 피상속인의 재산상속인으로서 20   .   .   . 피상속인의 사망으로 개시된 재산상속에서 청구인들이 상속으로 얻은 별지목록 표시 상속재산의 한도에서 피상속인의 채무를 변제할 조건으로 상속을 승인하고자 이 심판청구에 이른 것입니다.

---

20)   본 서식은 대한민국법원 대국민서비스/전자민원센터/양식모음에서 상속한정승인심판 청구서를 검색하면 다운받을 수 있습니다.

첨부서류

1. 가족관계증명서, 주민등록등본(청구인들) 각 1통
1. 인감증명서 또는 본인서명사실확인서(청구인들) 각 1통
(청구인이 미성년자인 경우 법정대리인(부모)의 인감증명서)
1. 피상속인(망인)의 폐쇄가족관계등록부에 따른 기본증명서, 가족관
계증명서 1통
(단, 2008. 1. 1. 전에 사망한 경우에는 제적등본)
1. 말소된 주민등록등본(망인) 1통
1. 가계도(직계비속이 아닌 경우) 1통
1. 상속재산목록(청구인 수+1통) 1통

200○년 ○월 ○일

청 구 인 ○○○ (인감도장)
□□□ (인감도장)

○○ 가정법원 귀중

상속재산 목록

1. 적극재산(피상속인 소유 재산)

■ 부동산: □ 아래와 같이 있음 □ 없음(찾지 못함)

■ 금전채권(예금 등): □ 아래와 같이 있음 □ 없음(찾지 못함)

금융기관 등 (은행, 임대인 등)	채권의 종류 (예금, 대여금 등)	채권액	비고
		원	
		원	
		원	

■ 자동차·중기 등: □ 아래와 같이 있음 □ 없음(찾지 못함)

등록번호   차종(종류)   (년식) 시가: 만원

■ 유체동산 등: □ 아래와 같이 있음 □ 없음(찾지 못함)

2. 소극재산(피상속인의 채무)

□ 아래와 같이 있음   □ 모름(현재까지 파악되지 않음)

채권자 (은행, 카드사, 세무서 등)	채무의 종류 (대출금, 카드 대금 등)	채무액	비고
		원	
		원	
		원	
		원	

3. 기타

나) 신문공고 및 통지

한정승인자는 한정승인을 한 날로부터 5일 내에 일반상속채권자와 유증받은 자에 대하여 한정승인의 사실과 일정한 기간 내에 그 채권 또는 수증을 신고할 것을 2월 이상 공고하여야 하고, 공고에는 채권 자 등이 기간 내에 신고하지 않으면 청산에 제외된다는 사실을 표시 하여야 합니다. 이러한 공고는 일반적으로 신문공고 형식으로 하게 됩니다.[21] 이때 신문 공고 비용은 신문사별로 다르지만 대략 15만 원 정도를 지불해야 하며, 이 비용은 상속인이 지급하여야 하고, 피상속 인의 재산에서 우선변제를 받을 수 없습니다.

또한 이러한 공고와는 별개로 알고 있는 채권자들에게는 각각 한정 승인 결정문을 내용증명우편 형식으로 보내 한정승인사실을 알리고 채권신고를 최고하여야 합니다(민법 제1032조 제2항, 제89조). 상속 인 입장에서도 이러한 한정승인을 알리는 것을 통해 불필요하게 채 권자로부터 피상속인의 채무를 이행하라는 소송을 당하는 것을 방지 할 수 있습니다.

관련하여 금융기관, 통신사 등의 기관의 경우 간혹 이메일로 결정 문을 보내 달라고 요구하는 경우가 있는데, 이 경우에는 이메일로 보 내 주어도 무방하나, 그 경위에 관한 자료들(이메일 수·발신 내역

---

[21] 신문공고를 하지 않더라도 무효가 되는 것은 아니나, 그로 인해 손해를 입은 채권자에 대하여 손해배상책임을 져야 하는 경우가 있으므로(민법 제1038조 제1항), 실무상 신문 공고를 하는 것이 통상적입니다.

등)을 잘 보관하여야 할 것입니다.

또한 채권자들에게 이러한 한정승인사실을 알렸음에도 불구하고 채권자들이 소송을 하는 경우가 있습니다. 한정승인신청을 하였다고 하여, 만약 답변을 하지 않고 가만히 있는 경우에는 패소하여 '채무를 지급하라.'는 판결이 선고될 수 있습니다. 따라서 소가 제기된 경우에는 반드시 답변서를 제출할 필요가 있습니다. 만약 한정승인을 신청하고 결정이 내려지기 전에 소가 제기되었다면 한정승인신고를 하였다는 사실 및 한정승인신고 사건 번호가 포함된 답변서를 제출하시고, 한정승인 결정이 내려진 후 소가 제기 되었다면 한정승인 결정이 내려졌다는 내용의 답변서를 제출하면서 한정승인 결정문을 증거로 제출할 필요가 있습니다. 이 경우 재판부는 "피고는 원고에게 망 XXX로부터 상속받은 재산 범위 내에서 금 XXX원 및 그에 대하여 소제기날부터 다 갚는 날까지 연 12%의 비율로 계산한 금원을 지급하라."라는 판결을 선고하게 되는데, 상속재산의 범위 내에서만 강제집행이 가능하다는 취지입니다.

> 제1032조(채권자에 대한 공고, 최고)
> ① 한정승인자는 한정승인을 한 날로부터 5일 내에 일반상속채권자와 유증받은 자에 대하여 한정승인의 사실과 일정한 기간 내에 그 채권 또는 수증을 신고할 것을 공고하여야 한다. 그 기간은 2월 이상이어야 한다.

> *제89조(채권신고의 최고)*
> *청산인은 알고 있는 채권자에게 대하여는 각각 그 채권신고를 최고하*
> *여야 한다. 알고 있는 채권자는 청산으로부터 제외하지 못한다.*

다) 청산 및 파산신청

공고 기간이 지난 후에는 상속재산을 채권자 등에게 분배해 주어야 하는데, 이러한 절차를 청산 절차라고 합니다.

원칙적으로 공고 기간 후에 재산을 분배해 주어야 하며, 만약 한정승인에 대한 법원의 결정 전에 재산을 분배한 경우에는 단순승인을 한 것으로 간주될 수 있고, 한정승인 결정 후 공고 기간 전에 분배를 할 경우에는 그로 인해 다른 상속채권자나 유증을 받은 자에게 손해가 발생하였다면 그 손해를 배상해 주어야 할 수 있으므로, 주의가 필요합니다.

따라서 만약 공고 기간 경과 전에 채권자가 변제를 요구할 경우, 민법은 상속채권의 변제를 거절할 수 있도록 규정하고 있으므로, 동 규정에 대하여 변제를 거절하는 것이 예상하지 못한 손해를 예방하는 것에 도움이 됩니다.

제1033조(최고기간 중의 변제거절)
한정승인자는 전조 제1항의 기간만료 전에는 상속채권의 변제를 거절
할 수 있다.

제1038조(부당변제 등으로 인한 책임)
① 한정승인자가 제1032조의 규정에 의한 공고나 최고를 해태하거나
제1033조 내지 제1036조의 규정에 위반하여 어느 상속채권자나 유증받
은 자에게 변제함으로 인하여 다른 상속채권자나 유증받은 자에 대하여
변제할 수 없게 된 때에는 한정승인자는 그 손해를 배상하여야 한다.

이때, 상속재산분배 시 변제의 순위는 ① 우선권 있는 상속채권자
→ ② 상속에 관한 비용 → ③ 상속채권자 → ④ 유증을 받는 자 → ⑤
신고기간 내에 신고하지 않은 채권자 및 유증을 받은 자 순으로 이루
어집니다.

여기서 우선권 있는 상속채권이라 함은 상속재산에 대해 저당권 등
의 담보가 설정되어 있거나, 조세 채권이나 임대차 보증금, 임금채권
등 법에 의하여 우선 변제를 받을 수 있는 채권을 말합니다. 이러한
채권자들은 설령 채권신고 기간 내에 신고를 하지 않더라도 1순위로
변제를 받을 수 있으며, 담보권을 실행할 수도 있습니다. 이때 담보권
이 있는 범위 내에서만 우선권을 갖으며, 만약 담보된 범위보다 채권
액이 크다면 나머지 채권액은 일반상속채권자와 동일하게 비율별로
배당을 받게 됩니다.

또한 상속에 관한 비용은 상속재산의 관리 및 청산에 관한 비용을 의미한다고 할 것이며, 앞서 말한 장례비, 상속 재산의 관리, 보존을 위한 소송 비용(대법원 1997.4.25. 선고 97다3996판결) 등이 포함됩니다. 이처럼 우선권 있는 상속채권자에 대한 변제와 상속비용에 대하여 공제가 이루어진 후 나머지 상속재산을 가지고 신고를 한 채권자들과 한정승인을 한 상속인이 알고 있는 채권자에게 변제를 하면 됩니다(신고를 하지 않았더라도 변제 시점에 한정승인을 한 상속인이 채권자의 존재를 알았더라면 이를 변제하여야 합니다.).

이때, 남은 상속재산에서 위와 같은 채권자들의 채권액을 금액에 따라 비율별로 나누어 계산한 후(예를 들어, 남은 상속재산이 100만 원이고, A가 50만원, B가 30만원, C가 20만 원의 채권을 가지고 있었을 경우 100만 원을 각 5/10, 3/10, 2/10으로 나누어 계산을 합니다.), 우편이나 이메일, 팩스 등으로 그 안분금액 등 내역이 기재된 계산표를 보내면서 입금할 계좌를 알려 달라고 요청한 후, 답변이 오는 채권자들에게 입금을 하면 됩니다.

이처럼 상속포기와는 달리 한정승인은 절차가 다소 복잡하여, 일반인이 절차를 진행하기에 어려움이 있습니다. 전문가의 도움을 받아 업무를 진행하는 것을 추천드립니다.

제1034조(배당변제)
① 한정승인자는 제1032조 제1항의 기간만료 후에 상속재산으로 그 기간 내에 신고한 채권자와 한정승인자가 알고 있는 채권자에 대하여 각 채권액의 비율로 변제하여야 한다. 그러나 우선권 있는 채권자의 권리를 해하지 못한다.

제1036조(수증자에의 변제)
한정승인자는 전2조의 규정에 의하여 상속채권자에 대한 변제를 완료한 후가 아니면 유증받은 자에게 변제하지 못한다.

제1039조(신고하지 않은 채권자 등)
제1032조제1항의 기간 내에 신고하지 아니한 상속채권자 및 유증받은 자로서 한정승인자가 알지 못한 자는 상속재산의 잔여가 있는 경우에 한하여 그 변제를 받을 수 있다. 그러나 상속재산에 대하여 특별담보권 있는 때에는 그러하지 아니하다.

〈심화〉 아버지의 사망으로, 한정승인을 하였습니다. 그런데 국세청에서 아버지가 과거에 상가를 양도하면서 미납한 양도소득세가 있다며, 제 명의의 아파트에 대하여 압류를 하였습니다. 한정승인을 하면, 아버지의 재산으로만 책임을 지고, 제 재산에 대해서는 건드릴 수 없는 것 아닌가요?

원칙적으로 한정승인을 할 경우에는 피상속인과 상속인의 재산은 분리하는 것이 원칙이지만 국세의 경우에는 예외가 있어 주의가 필요합니다. 즉 국세기본법 제24조는 상속인에게 피상속인이 미납한 국세 등을 상속으로 받은 재산의 한도로 납부할 의무 부과하고 있습니다. 따라서 한정승인을 하더라도 한정승인으로 인한 효과와는 별개로, 피상속인의 납세의무를 상속재산의 한도에서 승계하게 되며, 상속인이 납부의무를 이행하지 않는 경우, 상속인의 고유재산에 대해서도 강제집행을 당할 수 있습니다.[22] 반면에 상속을 포기한 경우에는 소급효에 의하여 상속개시 당시부터 상속인이 아닌 것과 같은 지위에 놓이게 되므로, 적법하게 상속을 포기한 자는 국세기본법 제24조의 상속인이 아니게 되며, 따라서 피상속인의 상속채무도 승계되지 않아 납부 의무가 없습니다.[23] 따라서 피상속인이 과거에 상가나 아파트 등을 양도한 경우 등에는 미납한 국세가 있을 수 있으므로, 확인이 필요하며, 이러한 경우에는 상속포기를 하는 것을 고려해 보아야 합니다.[24]

〈심화〉 아버지에게는 5억 원 상당의 부동산과 7억 원의 부채가 있어, 한정승인을 하였습니다. 그런데 국세청에서 저에게 부동산의 양도소득세를 납부하여야 한다고 고지서가 송부되었

---

22) 대법원 1991. 4. 3. 선고 90누7395 판결, 대법원 1982. 8. 24. 선고 81누162 판결.
23) 대법원 2013. 5. 23. 선고 2013두1041 판결.
24) 상속받은 재산을 한도로 하므로, 결과적으로 경제적인 면에서는 한정승인을 하더라도 큰 차이가 없을 수 있습니다. 그러나 상속포기와는 달리 일단 국세청의 청구 등이 있는 경우 상속받은 재산이 없음을 입증하여야 하므로 번거로운 면이 있다고 할 것입니다.

습니다. 한정승인을 하면 내 재산으로 상속으로 인한 채무를
부담하지 않는 것 아닌가요?

상속인이 한정승인을 하였더라도, 상속재산이 경매 등으로 처분된
경우 상속인은 해당 부동산의 소유자로서 양도소득세의 납부의무자
가 된다는 것이 판례의 태도이며, 이를 상속에 관한 비용으로 보아 상
속재산의 한도 내에서만 납부 의무가 있는지에 대해서는 아직 법원
은 아직 명확한 입장을 밝히고 있지는 않습니다.

따라서 경우에 따라서는 한정승인을 하였음에도 양도소득세 등을
부담하는 경우도 있습니다. 그러므로 상속재산에 부동산 등이 포함
된 경우에는 이러한 점을 고려하여 한정승인을 할지 여부를 신중하
게 결정할 필요가 있다고 할 것입니다.

〈심화〉 상속재산 파산제도가 있다고 하던데 한정승인과는 무엇이
다른가요?

채무자 회생법 제307조는 상속재산으로 상속채권자 및 유증을 받
은 자에 대한 채무를 완제할 수 없는 때에는 법원은 신청에 의하여 결
정으로 파산을 선고한다고 하여 상속재산 파산제도에 대하여 규정하
고 있습니다. 그 법적인 효과 면에서 한정승인과 상속재산 파산제도
는 유사한 측면이 있으며, 특히 채무자 회생법 389조 제3항은 상속재

산에 대하여 파산선고가 있는 때에는 상속인은 한정승인한 것으로 보는 것으로 규정하고 있습니다. 양자의 차이는 한정승인 절차는 청산과정이 상속인에게 맡겨져 있는 반면, 상속 재산 파산제도는 파산관재인에 의해 절차가 이루어진다는 점에 있습니다. 따라서 상속재산에 부동산이나, 지적재산권이 있거나 상속재산에 소송이 진행 중인 경우 등에는 파산신청을 하여 파산관재인으로 하여금 절차를 진행하는 것이 좀 더 간명한 해결방법이 될 수 있습니다. 다만 상속재산 파산의 경우에는 파산관재인에게 부인권이라 하여, 재산을 파산재단으로 환수해 가는 제도가 있는바(채무자 회생법 제391조), 피상속인으로부터 양도받은 재산이 있는 경우에는 유의가 필요하다고 할 것입니다.

3.
상속재산의 관리 - 상속 승인이나 포기, 한정승인 전까지의 상속인의 의무

상속재산은 상속이 개시됨과 동시에 일단 상속인들에게 승계되지만, 이는 잠정적인 것으로 상속인이 상속의 승인이나 포기, 한정승인을 할 때까지는 이러한 상속재산이 누구에게 귀속될 것인지 아직 확실하지는 않다고 할 것입니다. 그렇지만 이 시기에 누군가는 상속재산을 관리하여야 할 것인데, 민법은 상속인에게 상속재산을 관리할 의무를 부과하고 있습니다.

이러한 상속인의 상속재산의 관리 의무는 단순승인을 하게 되면 자신(상속인)의 재산이 되므로 관리 의무가 당연히 종료되게 되며, 상속포기를 할 경우에는 상속포기로 관리 의무가 당연히 종료되지는 않고, 상속포기로 인하여 상속인이 된 자가 상속재산을 관리할 수 있을 때 종료되게 됩니다. 한편 한정승인의 경우에는 한정승인의 신고로 재산의 관리 의무가 종료되는 것이 아니라, 상속재산의 청산이 종료될 때까지는 상속재산의 관리를 계속하여야 합니다. 다만 한정승인 신고서를 제출하여 한정승인 결정문을 받은 후에는 관리행위를 넘어 청산을 위해 채권이나 상속재산을 현금화하는 정당한 처분행위는 할 수 있는데, 한정승인 신고서 제출만으로는 이러한 처분행위가 가능하지 않음을 유의할 필요가 있습니다.

이때 상속재산의 관리행위란 통상 법상 상속재산을 이용, 보존, 개량하는 행위를 말하며, 쉽게 말하면 상속재산을 사망했을 때의 상태 그대로 유지하는 것이라고 할 수 있습니다. 따라서 만약 한정승인이나 상속포기를 할 생각이 있다면, 상속재산을 처분하거나 새로운 계약을 체결하는 등 현상을 변경하는 행위는 가급적이면 하지 말아야 합니다. 특히 피상속인의 채권을 적극적으로 추심하여 변제받는 행위는 처분행위에 해당하므로 유의가 필요하며, 피상속인의 예금을 인출하여 사용하는 행위도 처분행위에 해당할 수 있습니다.

제1022조(상속재산의 관리)
상속인은 그 고유재산에 대하는 것과 동일한 주의로 상속재산을 관리하여야 한다. 그러나 단순승인 또는 포기한 때에는 그러하지 아니하다.

제1023조(상속재산보존에 필요한 처분)
① 법원은 이해관계인 또는 검사의 청구에 의하여 상속재산의 보존에 필요한 처분을 명할 수 있다.

제1031조(한정승인과 재산상 권리의무의 불소멸)
상속인이 한정승인을 한 때에는 피상속인에 대한 상속인의 재산상 권리 의무는 소멸하지 아니한다.

제1044조(포기한 상속재산의 관리계속의무)

① 상속을 포기한 자는 그 포기로 인하여 상속인이 된 자가 상속재산을 관리할 수 있을 때까지 그 재산의 관리를 계속하여야 한다.

제4장

알아 두면 돈이 되는
상속세법

1.

상속세란 무엇인가?
왜 상속세를 내는 것인가?

상속세는 학문적으로는 자연인의 사망을 계기로 무상으로 이전되는 재산에 대하여 그 취득자에게 과세하는 세목을 말하며[25] 우리나라는 상속을 받으면 상속인들이 이에 대하여 세금을 내도록 하고 있습니다. '우리나라는'이라는 표현을 쓴 이유는 가령 캐나다에서는 별도로 상속세를 내지 않고 사람이 사망할 경우, 단지 그가 소유하고 있던 재산에 붙어 있는 자산가치 상승분에 대해서만 세금을 물리고 있기 때문이지요.[26]

이러한 상속세를 부과하는 이념적 배경에는 평등의 원칙이 자리 잡고 있습니다. 즉 미국에서 상속세를 입법할 때에 Franklin D Roosevelt 란 사람은 상속세의 뜻에 대하여 "우리나라를 세운 선조들이 정치적 힘의 세습을 거부했듯 오늘 우리는 경제적 힘의 세습을 거부한다."라고 하였다고 합니다.[27] 우리 헌법재판소 역시 상속세 제도의 목적에

---

25) 한만수, 《조세법강의 신정11판》, 박영사, 720쪽.
26) 이창희, 《세법강의 11판》, 박영사, 1061쪽.
27) McDaniel, Federal Wealth Transfer Texation(1999)

대하여 "상속세 제도는 국가의 재정수입의 확보라는 일차적인 목적 이외에도 자유시장 경제에 수반되는 모순을 제거하고 사회정의와 경제민주화를 실현하기 위하여 국가적 규제와 조정들을 광범위하게 인정하는 사회적 시장경제질서의 헌법이념에 따라 재산상속을 통한 부의 영원한 세습과 집중을 완화하여 국민의 경제적 균등을 도모하려는 데 그 목적이 있다."라고 말한 적이 있습니다.[28]

즉, 노력 여하에 관계없이 부자의 부모를 만났다고 하여 별다른 노력을 하지 않고 대대손손 잘사는 것은 불공평하다고 보고, 완전히는 아니지만 이러한 불공평을 시정하려는 것이 상속세 제도의 취지 중 하나라고 할 것입니다.

한편, 증여세는 재산을 대가를 받지 않고 줄 때, 받은 사람에게 부과되는 세금을 말합니다. 통상 증여세와 상속세는 함께 다루어지고는 하는데, '누구에게 증여를 할지', '모르는 사람에게 재산을 그냥 주는 경우가 얼마나 있을지'를 생각해 보면 그 이유를 쉽게 알 수 있을 것입니다. 즉, 상속과 증여는 재산이 대가 없이 이전된다는 점에 있어서 공통점을 지니며, 단지 죽어서 재산이 이전되느냐 살아서 이전되느냐에 있어서 차이가 있을 뿐입니다. 실제로 증여세 규정 중에는 상속세의 회피 수단으로 증여가 이용되는 것을 방지하는 규정들이 많으며 이러한 측면에서 증여세를 상속세의 보완세라고 하기도 합니

---

28) 헌법재판소 1997. 12. 24. 96헌가19 결정.

다.²⁹⁾ 우리나라 역시 상속세 및 증여세법(이를 줄여서 상증세법이라고도 합니다.)이라고 하여 상속세와 증여세를 한 같은 법률에서 규정하고 있습니다.

---

29) 한만수, 《조세법강의 신정11판》, 박영사, 759쪽.

2.
상속세 계산 기본의 이해와 상속재산

　내야 할 세금을 계산하는 기본적인 식은 세금의 대상에 세율을 곱하는 것입니다. 즉 소득세의 경우, 소득에 부과되는 세금이므로 번 돈 (소득)에 세율을 곱하면 되고, 취득세의 경우 취득한 물건에 부과하는 세금이므로 취득한 물건에 세율을 곱하는 식입니다. 이렇게 계산된 금액에 법이 정한 일정한 금액을 더하거나 빼면 납부하여야 할 세금이 됩니다. 상속세의 경우 상속 재산의 가액에 대하여 부과되는 세금이라 할 것이므로 상속 재산의 가액에 세율을 곱하면 상속세액이 된다고 생각하면 일단 상속세에 대한 일차적인 이해는 된 것입니다.

　그렇다면 상속재산이란 무엇일까요? 상식적으로는 유족이 실제로 상속을 받게 되는 재산을 상속재산이라 할 것 같지만, 물려줄 재산(유산)을 세금의 대상으로 보느냐, 각 유족이 물려받은 재산(취득한 유산)을 세금의 대상으로 보느냐에 따라, 유산세 방식과 유산취득세 방식으로 과세방식이 나뉘어집니다.

　구체적으로는 앞의 방식은 유산(상속재산)을 과세대상으로 보므로

'전체 상속재산'에 대하여 세율을 곱한 후 나온 세금을 각 상속인이 나누어 내는 방식이며(전체 상속재산 × 세율/상속 비율), 뒤의 방식은 전체 상속재산을 각 상속비율대로 나누어 상속인이 취득할 상속재산을 구한 후 이러한 취득한 상속재산에 세율을 곱하는 방식입니다(전체 상속재산/상속 비율 × 세율).

이렇게 하나 저렇게 하나 조삼모사 같으나, 실제 계산에 있어서는 차이가 발생하게 되는데, 일반적으로 유산취득세 방식을 취하게 되면 납부할 세금이 줄어들게 됩니다. 왜냐하면 통상 상속세는 상속재산의 가액이 클수록, 세율이 높아지는 누진율 방식을 취하고 있는데, 상속재산을 상속 비율로 먼저 나누는 유산취득세 방식을 취하게 되면 상속재산이 줄어들어 세율이 낮아지게 되기 때문입니다.

우리나라는 유산세 방식을 취하고 있는데, 상속세를 운영 중인 OECD 23개국 중 유산세 과세 방식을 채택하고 있는 나라는 한국, 미국, 영국, 덴마크 등 4개국에 불과합니다.[30] 이러한 유산세 방식은 각 상속인이 실제로 취득한 금액에 관계없이 같은 세율이 적용되게 되어 형평에 맞지 않다는 지적 등이 측면이 있어, 현재 유산취득세 방식으로 전환하는 것을 논의 중에 있습니다.

결론적으로 아직 우리나라에서 상속세는 물려줄 상속재산에 대하여 부과되고 있으며, 재산적 가치가 있는 것이라면 국내외를 불문

---

30) 박훈, 우리나라 상속세제 어떻게 할 것인가?, 재정포럼 / Monthly Public Finance Forum, Jun 15, 2023 324:2

하고 모든 재산과 모든 권리 의무에 대하여 상속세를 부과하고 있습니다.

〈심화〉 아버지가 돌아가시기 전 부동산을 매도하였습니다. 어떻게
　　　 처리해야 하나요?

피상속인이 부동산을 판 후 중도금만을 수령한 상태에서 사망한 경우에는 그 부동산을 상속재산으로 보며(이 경우 피상속인이 이미 수령한 대금은 전체 상속재산에서 공제합니다.), 나아가 잔금까지 수령한 경우에는 부동산을 상속재산으로 보지 않습니다. 같은 취지에

서 피상속인이 부동산을 매수하고 중도금만 지급한 상태에서 사망한 경우에는 그 부동산을 상속재산으로 볼 수 없고(이 경우 부동산의 전체 가액에서 잔대금을 제외한 금원을 상속재산의 가액으로 평가합니다.), 잔금까지 모두 지급해야지 상속재산으로 보게 됩니다.

3.
상속재산 가액의 산정

상속세는 상속재산의 '가액'에 대하여 부과되는 세금입니다. 따라서 현금이나 예금이 아닌 아파트, 오피스텔, 상가, 주식 등을 물려받았을 경우에는 화폐가치로 그 가액을 산정해야 하는 문제가 발생합니다. 이에 따라 상증세법은 재산의 가액은 원칙적으로 상속일 당시의 '시가'에 의하도록 하고 있으며, '시가'의 의미에 대하여 불특정 다수인 사이에 자유롭게 거래가 이루어지는 경우에 통상 성립된다고 인정되는 가액으로 규정하고 있습니다.

즉, 물건의 가치는 시장에서 정해진다고 보아, 아파트 등의 상속재산을 사고, 판 가격이 있다면 그 가격을 그 재산의 가액으로 보고 있으며, 다만 오래 전 매매 가격을 현재 재산의 가격으로 보기는 어려우므로, 원칙적으로 상속일 전후 6개월의 기간으로 그 기간을 한정하고 있습니다.

그렇다면 상속받은 그 아파트가 상속일 전후 6개월 내에 거래되지 않았다면 어떻게 할까요? 상속받은 그 아파트는 6개월 이내에 거래가 없었지만 만약 같은 단지의 아파트의 거래 가격이 있다면, 그 물건의 가격을 당해 아파트의 가격으로 볼 수도 있을 것입니다. 이에 법은 해당 재산과 면적·위치·용도·종목 및 기준 시가가 동일하거나 유사한 다른 재산에 대한 거래 가격이 있는 경우에는 해당 가격을 시가로 볼 수 있도록 하고 있습니다.

다만 예를 들어 같은 단지의 아파트이더라도 동이나 층수에 따라 가격이 천차만별일 것이므로 같은 단지의 아파트 매매 가격을 같은 단지라는 이유만으로 유사한 거래가액으로 볼 수 있을지 등에 대하여 실무상 많은 다툼이 발생하고는 합니다.[31]

이 밖에 상중세법은 매매와 유사하다고 할 수 있는 수용(개인의 특정한 재산권을 보상금을 지급하고 법에 의해 취득하는 제도를 말합니다.)·공매·경매가 있을 경우 역시 그 보상금, 공매가액 등을 시가로 보고 있으며, 이와는 결을 달리하나, 둘 이상의 공신력 있는 감정기관이 평가한 감정가액의 평균액 역시 시가로 보고 있습니다. 따라서 최근의 매매 사례가액이 지나치게 고액이라고 생각될 경우에는 감정을 받는 것도 방법이라고 할 것입니다.

---

31) 국세청 홈택스(www.hometax.go.kr)에서 전국의 공동주택과 수도권 및 지방 5대 광역시 소재 오피스텔의 유사 재산 매매사례가액 정보를 제공하고 있으며, 상속증여재산 평가하기에 접속하여 이를 확인할 수 있습니다

제60조(평가의 원칙 등)

① 이 법에 따라 상속세나 증여세가 부과되는 재산의 가액은 상속개시일 또는 증여일(이하 "평가기준일"이라 한다.) 현재의 시가(時價)에 따른다. 이 경우 다음 각 호의 경우에 대해서는 각각 다음 각 호의 구분에 따른 금액을 시가로 본다.

1. 「자본시장과 금융투자업에 관한 법률」에 따른 증권시장으로서 대통령령으로 정하는 증권시장에서 거래되는 주권상장법인의 주식등 중 대통령령으로 정하는 주식등(제63조 제2항에 해당하는 주식등은 제외한다.)의 경우: 제63조 제1항 제1호가목에 규정된 평가 방법으로 평가한 가액

2. 「특정 금융거래정보의 보고 및 이용 등에 관한 법률」 제2조제3호에 따른 가상자산의 경우: 제65조제2항에 규정된 평가방법으로 평가한 가액

② 제1항에 따른 시가는 불특정 다수인 사이에 자유롭게 거래가 이루어지는 경우에 통상적으로 성립된다고 인정되는 가액으로 하고 수용 가격·공매 가격 및 감정가격 등 대통령령으로 정하는 바에 따라 시가로 인정되는 것을 포함한다.

③ 제1항을 적용할 때 시가를 산정하기 어려운 경우에는 해당 재산의 종류, 규모, 거래 상황 등을 고려하여 제61조부터 제65조까지에 규정된 방법으로 평가한 가액을 시가로 본다.

만약 이러한 시가도 없을 경우에는 어떻게 해야 할까요? 이 경우에는 기준 시가 등에 의하도록 하고 있는데, 법이 정하고 있는 가격 산정 방법은 아래와 같습니다.

	평가방법	확인방법
토지	개별 공시지가	씨:리얼 부동산 종합 정보 (seereal.lh.or.kr)
건물	국세청장이 산정·고시 하는 가액	국세청 홈택스 (www.hometax.go.kr)
오피스텔 및 상업용 건물	국세청장이 산정·고시 하는 가액	국세청 홈택스 (www.hometax.go.kr)
주택	부동산 가격공시에 관한 법률에 따른 개별주택가 격 및 공동주택가격	씨:리얼 부동산 종합 정보 (seereal.lh.or.kr) 부동산 가격공시알리미 (www.realtyprice.kr)

* 개별공시지가가 없는 토지 혹은 공시주택 가격이 없는 주택의 경우에는 납세지 관할 세무서장이 유사 토지·주택의 개별공시지가·고시주택가격을 고려하여 평가한 금액으로 함.

제61조(부동산 등의 평가) ① 부동산에 대한 평가는 다음 각 호의 어느하나에서 정하는 방법으로 한다.

1. 토지

「부동산 가격공시에 관한 법률」에 따른 개별공시지가(이하 "개별공시지가"라 한다.). 다만, 개별공시지가가 없는 토지(구체적인 판단 기준은 대통령령으로 정한다.)의 가액은 납세지 관할세무서장이 인근 유사 토지의 개별공시지가를 고려하여 대통령령으로 정하는 방법으로 평가한 금액으로 하고, 지가가 급등하는 지역으로서 대통령령으로 정하는 지역의 토지 가액은 배율방법(倍率方法)으로 평가한 가액으로 한다.

2. 건물

건물(제3호와 제4호에 해당하는 건물은 제외한다.)의 신축가격, 구조, 용도, 위치, 신축연도 등을 고려하여 매년 1회 이상 국세청장이 산정·고시하는 가액.

3. 오피스텔 및 상업용 건물

건물에 딸린 토지를 공유(共有)로 하고 건물을 구분소유하는 것으로서 건물의 용도·면적 및 구분소유하는 건물의 수(數) 등을 고려하여 대통령령으로 정하는 오피스텔 및 상업용 건물(이들에 딸린 토지를 포함한다)에 대해서는 건물의 종류, 규모, 거래 상황, 위치 등을 고려하여 매년 1회 이상 국세청장이 토지와 건물에 대하여 일괄하여 산정·고시한 가액.

4. 주택

「부동산 가격공시에 관한 법률」에 따른 개별주택가격 및 공동주택가격(같은 법 제18조 제1항 단서에 따라 국세청장이 결정·고시한 공동주택가격이 있는 때에는 그 가격을 말하며, 이하 이 호에서 "고시주택가격"이라 한다.). 다만, 다음 각 목의 어느 하나에 해당하는 경우에는 납세지 관할세무서장이 인근 유사주택의 고시주택가격을 고려하여 대통령령으로 정하는 방법에 따라 평가한 금액으로 한다.

가. 해당 주택의 고시주택가격이 없는 경우.

나. 고시주택가격 고시 후에 해당 주택을 「건축법」 제2조 제1항 제9호 및 제10호에 따른 대수선 또는 리모델링을 하여 고시주택가격으로 평가하는 것이 적절하지 아니한 경우.

② 제1항 제1호 단서에서 "배율방법"이란 개별공시지가에 대통령령으로 정하는 배율을 곱하여 계산한 금액에 의하여 계산하는 방법을 말한다.

〈절세 팁〉 상속세를 신고·납부하기 위하여 상속재산을 평가하는 데 소요되는 감정평가 수수료 등은 상속재산에서 공제해 줍니다. 따라서 감정평가 결과 상속재산의 가액이 낮아질 가능성이 있다면 감정평가를 적극 활용하는 것도 절세의 방법이 됩니다.

상증세법 시행령 제20조의3(감정평가 수수료 공제)

① 법 제25조 제1항 제2호에서 "대통령령으로 정하는 상속재산의 감정평가 수수료"란 상속세를 신고·납부하기 위하여 상속재산을 평가하는 데 드는 수수료로 다음 각 호의 어느 하나에 해당하는 것을 말한다.

1. 「감정평가 및 감정평가사에 관한 법률」에 따른 감정평가법인등의 평가에 따른 수수료(상속세 납부목적용으로 한정한다.)

2. 제49조의2 제9항에 따른 평가수수료

3. 제52조 제2항 제2호에 따른 유형재산 평가에 대한 감정수수료

② 제1항 제1호의 규정은 동호의 규정에 따라 평가된 가액으로 상속세를 신고·납부하는 경우에 한하여 이를 적용한다.

③ 제1항 제1호 또는 제3호에 따른 수수료가 500만 원을 초과하는 경우에는 이를 500만 원으로 하고, 같은 항 제2호에 따른 수수료는 평가대상 법인의 수(數) 및 평가를 의뢰한 신용평가전문기관의 수별로 각각 1천만 원을 한도로 한다.

④ 제1항 내지 제3항의 규정에 의한 수수료를 공제받고자 하는 자는 당해 수수료의 지급사실을 입증할 수 있는 서류를 상속세과세표준 신고와 함께 납세지 관할세무서장에게 제출하여야 한다.

4.
상속세가 늘어나거나 줄어드는 데 영향을 미치는 요소들

이제 기본이 되는 상속재산의 가액은 어느 정도 구할 수 있을 것입니다. 이러한 상속재산의 가액에서 일정한 금액을 더하거나 뺀 후 세율을 곱하면 세액에 되는데 이에 대하여 살펴보도록 하겠습니다.

가. 상속세가 늘어나는 데 영향을 미치는 요소

1) 부동산 매도금액 등의 상속재산 추정 - 몰래 상속해 준 것 아니야?

과세관청이 이러한 피상속인의 재산을 모두 파악하는 것은 쉬운 일이 아니며, 특히 피상속이 재산을 채권, 현금 형태로 가지고 있다면, 과세관청이 이를 파악하기 현실적으로 어려울 것입니다. 따라서 피상속인은 죽기 전에 미리 재산을 팔거나 빚을 얻어서 혹은 예금에서 인출하여 현금 등을 확보한 후 이를 몰래 증여하거나 감추어 둔 현금 등을 물려주는 방식의 탈세 방식을 사용할 수 있습니다.

이에 우리 상증세법은 상속 개시일 2년 이내에 일정액 이상의 재산을 처분·인출하거나 빚을 얻은 것이 있고 이렇게 받은 현금 등의 사용 용도가 명백하지 않다면 현금 등을 빼돌려 증여하거나 상속한 것으로 추정하여 그 금액을 상속재산에 가산하도록 규정하고 있습니다.

실무에서는 상속세 조사 과정에서 이러한 상속재산의 추정 규정이 적용되어 추가로 과세가 이루어지는 경우가 많으므로 주의가 필요하며, 이렇게 취득한 자금의 사용처를 소명할 수 있도록 자료를 준비할 필요가 있습니다.

2) 보험금의 상속 의제 - 보험금도 결국 피상속인이 준 것과 같다

사망으로 인하여 지급되는 생명보험 또는 손해보험의 보험금은 받을 사람으로 지정된 자에게 바로 귀속되므로 민법상으로는 상속재산에 포함되지 않습니다. 따라서 상속포기를 하더라도 수익자로 지정된 경우 보험금은 수령할 수 있는 것이지요.

그러나 경제적 효과에 있어서는 상속재산을 물려주는 것과 차이가 없으므로 우리 세법은 원칙적으로 이를 상속세 납부 대상으로 보아 상속재산에 포함시키고 있습니다. 이때 보험금을 상속인이 받는 경우는 물론이고 다른 사람이 받는 경우에도 상속재산으로 보게 되는데 그 이유는 우리 상증세법은 사망으로 제3자가 재산을 취득하는 경우에도 이를 상속재산에 포함시키고 있기 때문입니다.

다만, 보험료를 피상속인이 아닌 상속인들이 납부했을 경우에는 이를 망인이 주었다고 보기는 어려울 것이므로 상속세 납부 대상이 되는 상속재산에 포함되지 않음을 유의할 필요가 있습니다.

결론적으로 사망보험금의 경우 상속재산에 포함되지 않아, 상속포기를 하더라도 이를 수령할 수는 있지만, 상속세 납부 대상이 될 수 있음을 유의할 필요가 있다고 할 것입니다.

제8조(상속재산으로 보는 보험금)
① 피상속인의 사망으로 인하여 받는 생명보험 또는 손해보험의 보험금으로서 피상속인이 보험계약자인 보험계약에 의하여 받는 것은 상속재산으로 본다.
② 보험계약자가 피상속인이 아닌 경우에도 피상속인이 실질적으로 보험료를 납부하였을 때에는 피상속인을 보험계약자로 보아 제1항을 적용한다.

---

3) 퇴직금, 퇴직수당, 공로금, 연금 등
- 사법상 상속재산인지 불분명한 경우의 입법적 해결

법원은 사망퇴직금이 민사법상 상속인의 고유재산인지 혹은 망인의 상속재산인지에 관하여 여러 가지 사정을 종합하여 사안마다 달

리 판단하고 있습니다.[32]

그러나 상증세법은 퇴직금 등을 피상속인이 사망하지 않았더라면 피상속인이 받았을 돈이므로, 피상속인이 이를 지급받은 후 물려준 경우와 경제적 실질이 같다고 보아, 이를 상속재산에 포함시키는 규정을 두고 있습니다.

한편, 국민연금법, 공무원연금법, 사립학교교원연금법 및 군인연금법에 의한 유족연금 등은 상속재산에서 제외되며, 산업재해보상보험법 또는 근로기준법 등에 의하여 유족에게 지급되는 유족보상금 등도 상속재산에서 제외하고 있습니다. 이러한 금원들은 상속인인 유족들에게 생계보장이나 위로 차원에서 지급하는 금원들이지 피상속인에게 지급되는 금원을 유족들이 상속받는 것이 아니기 때문입니다.

그 밖에 피상속인이 신탁한 재산도 상속재산으로 보는데, 여기서 신탁이란 신탁설정자(위탁자)와 신탁을 인수하는 자(수탁자)와 특별한 신임관계에 기하여 위탁자가 특정의 재산권을 수탁자에게 이전하거나 기타의 처분을 하고 수탁자로 하여금 일정한 자(수익자)의 이익을 위하거나 특정한 목적을 위하여 그 재산권을 관리, 처분하게 하는 법률관계를 말합니다(신탁법 제1조 제2항). 신탁이 있을 경우 수탁자에게 명목상의 소유권이 이전되게 되므로, 이와 같은 신탁재산은 민

---

32) 의정부지방법원 고양지원 2018.9.21. 선고 2018가합70922 판결, 수원지방법원 2015.1.29. 선고 2014가단523608 판결 등.

법상으로는 소유재산에 포함되지 않게 되나, 신탁계의 해지가 있을 경우 소유권이 위탁자에게 귀속되므로 사실상 위탁자인 망인의 재산으로 보아 상속재산에 포함시키고 있습니다.

제10조(상속재산으로 보는 퇴직금 등)
피상속인에게 지급될 퇴직금, 퇴직수당, 공로금, 연금 또는 이와 유사한 것이 피상속인의 사망으로 인하여 지급되는 경우 그 금액은 상속재산으로 본다. 다만, 다음 각 호의 어느 하나에 해당하는 것은 상속재산으로 보지 아니한다.
1. 「국민연금법」에 따라 지급되는 유족연금 또는 사망으로 인하여 지급되는 반환일시금
2. 「공무원연금법」, 「공무원 재해보상법」 또는 「사립학교교직원 연금법」에 따라 지급되는 퇴직유족연금, 장해유족연금, 순직유족연금, 직무상유족연금, 위험직무순직유족연금, 퇴직유족연금부가금, 퇴직유족연금일시금, 퇴직유족일시금, 순직유족보상금, 직무상유족보상금 또는 위험직무순직유족보상금
3. 「군인연금법」 또는 「군인 재해보상법」에 따라 지급되는 퇴역유족연금, 상이유족연금, 순직유족연금, 퇴역유족연금부가금, 퇴역유족연금일시금, 순직유족연금일시금, 퇴직유족일시금, 장애보상금 또는 사망보상금
4. 「산업재해보상보험법」에 따라 지급되는 유족보상연금·유족보상일시금·유족특별급여 또는 진폐유족연금
5. 근로자의 업무상 사망으로 인하여 「근로기준법」 등을 준용하여 사업자가 그 근로자의 유족에게 지급하는 유족보상금 또는 재해보상금과 그 밖에 이와 유사한 것

4) 생전 증여한 재산 - 살아 있을 때 물려주나, 사망 후 물려주나 같다

죽음을 예감한 노인 A는 사망 전에 10억 원의 재산을 모두 자신의
자식들에게 나누어 주었으며, 사망 당시 재산은 0원이었습니다. 한편
건강한 노인 B는 10억 원의 재산을 전혀 나누어 주지 않은 상황에서
갑자기 사망을 하게 되었으며, 10억 원의 재산을 자식들이 상속으로
나누어 받게 되었습니다. 노인 A의 자녀들과 노인 B의 자녀들이 낼
세금이 달라야 할까요?

생각해 보면, 사망 전에 재산을 주나, 사망 후에 재산을 주나 자녀
들이 얻는 경제적 효과는 동일하다고 할 것이며, 두 경우의 세금이 다
를 이유가 없다고 할 것입니다.

이에 우리 생전에 상속인 등에게 증여한 재산의 가액을 상속 재산
에 가산하도록 규정하고 있습니다. 다만 이러한 증여재산 중 좋은 목
적으로 증여한 경우나 자녀들의 생활비·교육비 등으로 사용한 경우,
장애인 보험금 등은 상속재산에서 빼주어 혜택을 부여하고 있습니다.

제13조(상속세 과세가액)

① 상속세 과세가액은 상속재산의 가액에서 제14조에 따른 것을 뺀 후 다음 각 호의 재산가액을 가산한 금액으로 한다. 이 경우 제14조에 따른 금액이 상속재산의 가액을 초과하는 경우 그 초과액은 없는 것으로 본다. 〈개정 2013. 1. 1.〉

1. 상속개시일 전 10년 이내에 피상속인이 상속인에게 증여한 재산가액

2. 상속개시일 전 5년 이내에 피상속인이 상속인이 아닌 자에게 증여한 재산가액

② 제1항 제1호 및 제2호를 적용할 때 비거주자의 사망으로 인하여 상속이 개시되는 경우에는 국내에 있는 재산을 증여한 경우에만 제1항 각 호의 재산가액을 가산한다.

③ 제46조, 제48조 제1항, 제52조 및 제52조의2 제1항에 따른 재산의 가액과 제47조 제1항에 따른 합산배제증여재산의 가액은 제1항에 따라 상속세 과세가액에 가산하는 증여재산가액에 포함하지 아니한다.

제46조(비과세되는 증여재산)

다음 각 호의 어느 하나에 해당하는 금액에 대해서는 증여세를 부과하지 아니한다.

1. 국가나 지방자치단체로부터 증여받은 재산의 가액.

2. 내국법인의 종업원으로서 대통령령으로 정하는 요건을 갖춘 종업원 단체(이하 "우리사주조합"이라 한다.)에 가입한 자가 해당 법인의 주식을 우리사주조합을 통하여 취득한 경우로 그 조합원이 대통령령으로 정하는 소액주주의 기준에 해당하는 경우 그 주식의 취득가액과 시가의 차액으로 인하여 받은 이익에 상당하는 가액.

3. 「정당법」에 따른 정당이 증여받은 재산의 가액.

4. 「근로복지기본법」에 따른 사내근로복지기금이나 그 밖에 이와 유사한 것으로서 대통령령으로 정하는 단체가 증여받은 재산의 가액.

5. 사회통념상 인정되는 이재구호금품, 치료비, 피부양자의 생활비, 교육비, 그 밖에 이와 유사한 것으로써 대통령령으로 정하는 것.

6. 「신용보증기금법」에 따라 설립된 신용보증기금이나 그 밖에 이와 유사한 것으로서 대통령령으로 정하는 단체가 증여받은 재산의 가액.

7. 국가, 지방자치단체 또는 공공단체가 증여받은 재산의 가액.

8. 장애인을 보험금 수령인으로 하는 보험으로써 대통령령으로 정하는 보험의 보험금.

9. 「국가유공자 등 예우 및 지원에 관한 법률」에 따른 국가유공자의 유족이나 「의사상자 등 예우 및 지원에 관한 법률」에 따른 의사자(義死者)의 유족이 증여받은 성금 및 물품 등 재산의 가액.

10. 비영리법인의 설립근거가 되는 법령의 변경으로 비영리법인이 해산되거나 업무가 변경됨에 따라 해당 비영리법인의 재산과 권리·의무를 다른 비영리법인이 승계받은 경우 승계받은 해당 재산의 가액.

나. 상속세가 줄어드는 데 영향을 미치는 요소 - 빼는 항목

이제까지 상속재산에서 더하는 항목에 대하여 알아보았으니, 이제 상속재산에서 빼는 항목에 대하여 알아보겠습니다.

1) 공익목적 또는 사회정책적 목적에 의하여 비과세 하는 재산

- 좋은 일에 쓰는 재산은 상속세를 부과하지 않겠다

A씨의 상속인들은 평소 유산을 좋은 목적에 사용해 달라는 A씨의 유지를 받들어 재산 중 일부를 지방교육청에 상속재산을 기부하였습니다. 이러한 재산에 대하여도 상속세를 부과하여야 할까요?

상증세법은 공익목적으로 사용된 상속재산의 경우에는 상속세를 비과세하는 규정을 두고 있습니다. 즉 국가, 지방자치단체 또는 공공도서관, 공공박물관 등 공공단체에 유증한 재산, 정당에 유증 등을 한 재산, 사회근로복지기금 등에 유증 등을 한 재산, 이재구호금품 등 불우한 자를 위하여 유증한 재산 등에 대하여는 상속세를 비과세 하도록 하고 있습니다.

또한 유증이나 사인증여를 하지 못하였더라도 상속인들이 상속세 신고기한 내에 국가, 지방자치단체 또는 공공단체에 증여한 재산의 경우에도 이러한 재산은 상속세를 비과세하도록 하고 있습니다. 따라서 사안과 같은 재산의 경우 상속재산에서 빼줘야 합니다.

제12조(비과세되는 상속재산)
다음 각호에 규정된 재산에 대해서는 상속세를 부과하지 아니한다.
1. 국가, 지방자치단체 또는 대통령령으로 정하는 공공단체(이하 "공공단체"라 한다.)에 유증(사망으로 인하여 효력이 발생하는 증여를 포함하며, 이하 "유증등"이라 한다.)한 재산.
2. 삭제.

앞서의 공제가 주로 국가나, 공공기관에 대한 기부 공제라면, 종교·자선·학술 관련 사업 등 공익사업을 영위하는 공익법인에게 재산을 출연할 경우에도 이러한 재산은 상속재산의 가액에서 공제를 해 주고 있습니다.

다만, 과거에 이러한 제도를 악용하여 공익법인을 설립하여 공익법인에 재산을 출연한 후 상속인들을 위 공익법인의 임직원들로 채워 넣어 공익법인을 사실상 사유화 하여 재산을 마음대로 사용하는 방식으로 세금을 탈루하는 경우가 많았습니다.

이를 방지하기 위하여 앞서 국가 등에 대한 기부공제와는 달리, 세법은 엄격한 사후관리 요건을 명시하고 있으며, 사후 관리 요건을 위반하면 상속세나 증여세는 물론이고 가산세도 부담시키고 있습니다.

이러한 사후관리 간략히 내용을 소개드리면 공익법인은 출연 재산을 고유목적사업에 사용하거나 이에 충당하기 위해 수익사업용 또는 수익용으로 운용해야 합니다. 또한 공익법인의 이사와 관련해 출연 자 및 그 특수관계인이 이사 정원의 5분의 1을 초과해 선임되거나 공 익법인의 임직원이 되는 경우 그를 위해 지출된 급료, 차량 유지비 등 직간접 경비 상당액 전액에 대해서 가산세가 부과됩니다. 그리고 공 익법인이 특수관계에 있는 내국법인의 이익을 증가시키기 위하여 정 당한 대가를 받지 아니하고 광고나 홍보를 하는 경우에도 가산세가 부과됩니다.

이처럼 우리 상증세법은 공익법인에 대한 출연의 경우 세재상 혜택 을 부여하는 대신에 제도를 악용하여 세금을 탈루하고 부당한 방법 으로 자녀들에게 재산을 상속시키는 것을 방지하기 위하여 여러 가 지 제한규정을 두고 제한규정을 준수하지 않았을 경우 불이익을 주 고 있습니다. 따라서 공익법인에 재산을 출연하고, 이를 운영할 때에 는 각별한 주의가 필요하다고 할 것입니다.

> 제48조(공익법인등이 출연받은 재산에 대한 과세가액 불산입등)
> ① 공익법인등이 출연받은 재산의 가액은 증여세 과세가액에 산입하지 아니한다. 다만, 공익법인등이 내국법인의 의결권 있는 주식 또는 출 자지분(이하 이 조에서 "주식등"이라 한다.)을 출연받은 경우로서 출연 받은 주식등과 다음 각 호의 주식등을 합한 것이 그 내국법인의 의결권 있는 발행주식총수 또는 출자총액(자기주식과 자기출자지분은 제외한 다. 이하 이 조에서 "발행주식총수등"이라 한다.)의 제16조 제2항 제2호

〈심화〉 종손이었던 아버지가 돌아가셔서, 외아들인 제가 선조들의 묘가 있는 선산을 물려받게 되었습니다. 이러한 선산에 대하여도 상속세를 납부해야 하나요?

우리 상중세법은 제사를 주재하는 상속인이 일가의 제사를 계속하기 위한 재산을 승계한 경우, 2억 원을 한도로 하여 상속세 과세 대상에서 제외하고 있습니다. 이러한 재산에는 분묘가 속한 임야(금양임야), 묘제용 재원으로 사용되는 토지인, 묘토인 농지, 그리고 족보와 제구가 포함됩니다. 따라서 묘가 속해 있는 선산의 경우, 법이 정한 범위 내에서는 상속세를 납부하지 않아도 되며, 물려받은 족보와 제구 등도 1천만 원의 한도에서 상속재산에서 제외되게 됩니다.

제12조(비과세되는 상속재산)

다음 각호에 규정된 재산에 대해서는 상속세를 부과하지 아니한다.

3. 「민법」 제1008조의3에 규정된 재산 중 대통령령으로 정하는 범위의 재산

시행령 제8조(비과세되는 상속재산)

③ 법 제12조제3호에서 "대통령령으로 정하는 범위의 재산"이란 제사를 주재하는 상속인(다수의 상속인이 공동으로 제사를 주재하는 경우에는 그 공동으로 주재하는 상속인 전체를 말한다.)을 기준으로 다음 각 호에 해당하는 재산을 말한다. 다만, 제1호 및 제2호의 재산가액의 합계액이 2억 원을 초과하는 경우에는 2억 원을 한도로 하고, 제3호의 재산가액의 합계액이 1천만 원을 초과하는 경우에는 1천만 원을 한도로 한다.

1. 피상속인이 제사를 주재하고 있던 선조의 분묘(이하 이 조에서 "분묘"라 한다.)에 속한 9,900제곱미터 이내의 금양임야

2. 분묘에 속한 1,980제곱미터 이내의 묘토인 농지

3. 족보와 제구

2) 피상속인의 채무 및 공과금
- 상속인이 얻는 실질적인 경제적 효과의 고려

A씨는 친정아버지는 10억 원의 아파트를 물려받았는데, 알고 보니 임차인이 4억 원에 전세를 살고 있었습니다. A씨는 얼마를 상속받은 것으로 보아야 할까요?

상속이 발생하게 되면, 피상속인의 재산뿐 아니라 빚도 상속을 하

게 됩니다(민법 제1005조). 따라서 사안의 경우 임대차 보증금 4억 원은 결국 A씨가 돌려주어야 할 것이므로, A씨가 얻은 경제적 효과는 6억 원이며, 6억 원을 상속받은 것으로 보아야 타당할 것입니다. 그런데 우리 상증세법은 상속재산을 피상속인에게 귀속되는 모든 재산이라고 하여, 채무를 고려하지 않고 정하고 있습니다. 이에 이러한 상속재산에서 피상속인이 갚아야 할 채무, 공과금 등을 제외하도록 규정하고 있습니다.

제14조(상속재산의 가액에서 빼는 공과금 등)
① 거주자의 사망으로 인하여 상속이 개시되는 경우에는 상속개시일 현재 피상속인이나 상속재산에 관련된 다음 각 호의 가액 또는 비용은 상속재산의 가액에서 뺀다.
1. 공과금
2. 장례비용
3. 채무(상속개시일 전 10년 이내에 피상속인이 상속인에게 진 증여채무와 상속개시일 전 5년 이내에 피상속인이 상속인이 아닌 자에게 진 증여채무는 제외한다. 이하 이 조에서 같다.)
② 비거주자의 사망으로 인하여 상속이 개시되는 경우에는 다음 각 호의 가액 또는 비용은 상속재산의 가액에서 뺀다.
1. 해당 상속재산에 관한 공과금.
2. 해당 상속재산을 목적으로 하는 유치권(留置權), 질권, 전세권, 임차권(사실상 임대차계약이 체결된 경우를 포함한다.), 양도담보권·저당권 또는 「동산·채권 등의 담보에 관한 법률」에 따른 담보권으로 담보된 채무.

3. 피상속인의 사망 당시 국내에 사업장이 있는 경우로 그 사업장에 갖
춰 두고 기록한 장부에 의하여 확인되는 사업상의 공과금 및 채무.
③ 제1항과 제2항에 따라 상속재산의 가액에서 빼는 공과금 및 장례비
용의 범위는 대통령령으로 정한다.
④ 제1항과 제2항에 따라 상속재산의 가액에서 빼는 채무의 금액은 대
통령령으로 정하는 방법에 따라 증명된 것이어야 한다.

또한 장례비용은 망인의 채무는 아니나, 사망으로 인하여 발생하는
망인의 일생을 청산하는 의미의 비용이라는 측면에서 상속재산에서
공제를 해 주고 있습니다. 이때 공제의 범위는 아래와 같습니다.

상속세 및 증여세법 시행령 제9조
② 법 제14조 제1항 제2호의 규정에 의한 장례비용은 다음 각호의 구분
에 의한 금액을 합한 금액으로 한다.
1. 피상속인의 사망일부터 장례일까지 장례에 직접 소요된 금액[봉안
시설 또는 자연장지(自然葬地)의 사용에 소요된 금액을 제외한다]. 이
경우 그 금액이 500만 원 미만인 경우에는 500만 원으로 하고 그 금액
이 1천만 원을 초과하는 경우에는 1천만 원으로 한다.
2. 봉안시설 또는 자연장지의 사용에 소요된 금액. 이 경우 그 금액이
500만 원을 초과하는 경우에는 500만 원으로 한다.

〈심화〉장례식 과정에서 들어온 부의금에 대하여도 상속세를 납부
해야 하나요?

 판례는 사람이 사망한 경우에 부조금 또는 조위금 등의 명목으로
보내는 부의금은 상호부조의 정신에서 유족의 정신적 고통을 위로하
고 장례에 따르는 유족의 경제적 부담을 덜어 줌과 아울러 유족의 생
활안정에 기여함을 목적으로 증여되는 것이라고 하며, 부의금의 귀속
에 관해서는 장례비용에 충당하고 남는 것에 관하여 특별한 다른 사
정이 없는 한 사망한 사람의 공동상속인들이 각자의 상속분에 응해
서 권리를 취득한다고 보고 있습니다. 이와 같은 판례에 따르면 원칙
적으로는 부의금은 상속인에게 귀속되므로, 부의금에 대해서는 상속
세가 부과되지 않는다고 할 것입니다.
 국세청 역시 부의금은 상속인이 문상객으로부터 증여받은 재산에
해당하는 것이며, 피상속인에게 귀속되는 재산에 해당하지 않는다고
한 바 있습니다. 다만, 부의금이 사회통념상 통상 필요하다고 인정되
는 범위를 벗어난 경우에는 상속인에게 증여세가 부과될 수 있음을
유의하여야 할 것입니다(상증, 서면인터넷방문상담4팀-358, 2005. 3.
10.).

3) 배우자 공제

- 배우자가 가지고 있던 자신의 몫을 돌려받는 것임을 고려

이혼하면 재산의 반은 배우자의 것이라는 말을 흔히들 들어 보셨을 것입니다. 가정마다 차이가 있지만 남녀가 부부가 되어 가족공동체를 이루게 되면 통상 공동으로 재산을 관리하고 형성하게 됩니다. 즉 부부가 형성한 재산에는 부부 모두의 유·무형의 기여가 있기 마련이고, 따라서 설령 재산이 부부 중 일방의 명의로 되어 있더라도 그 재산은 부부의 쌍방의 협력으로 형성된 공동재산의 성격을 가지고 있습니다. 따라서 이혼할 때에도 이러한 배우자의 기여 등을 고려하여 재산의 절반 정도로 분배하여 주는 경우가 많습니다.

비슷한 취지로 우리 상증세법은 배우자가 사망하여 재산을 상속받는 경우, 형식은 상속이지만 실질은 공동재산의 청산으로서의 성격을 고려하여, 배우자가 실제로 상속받은 금액은 상속재산의 과세과액에서 공제를 해 주고 있습니다. 공동재산 중 본래 자신의 몫을 받는다고 보는 것이지요. 이때 여기서 배우자라고 함은 민법상 혼인으로 인정되는 혼인관계에 의한 배우자를 말하며, 혼인신고를 하지 아니한 사실혼 관계에 있는 배우자는 상속공제의 대상에 포함되지 않습니다.

이러한 상속재산 공제는 무제한 허용되는 것은 아니고, 상속재산 가액에 배우자의 법정상속분을 곱하여 계산한 금액에서 상속재산에 가산된 증여재산 중 배우자가 증여받은 재산에 대한 과세표준을 뺀 금액을 한도로 하고 있으며, 이에 따른 계산액이 30억 원을 초과할 경우 공제 한도액을 30억 원으로 제한하고 있습니다.

만약 이러한 규정이 없다면 상속세를 내지 않게 하기 위해 배우자에게 상속분을 몰아주는 유인이 발생하기 때문입니다. 이에 더하여 상증세법은 배우자가 실제 상속 받은 금액이 없거나 아래와 같이 계산한 금액이 5억 원 미만인 경우에도 5억 원을 공제하도록 규정하여 최소 공제액을 보장하고 있습니다.

한편, 과세 관청은 배우자가 상속결격자에 해당하거나 상속을 포기하더라도 이러한 인적 공제가 가능하다고 보고 있음을 참고하시기 바랍니다(재삼 46014-2622, 1997. 11. 6.).

이상의 내용이 상당히 복잡하나, 배우자 상속공제는 최소 5억 최대 30억의 범위 내에서 실제로 배우자가 상속받은 금액을 공제한다. 다만 상증세법상 법정상속분 계산액을 초과할 수는 없다 정도를 알면 충분할 것으로 생각됩니다.

【배우자 상속 공제액】

최소 5억 ≤ 실제로 상속 받은 금액
(단, 상증세법상 법정상속분 계산액) ≤ 최대 30억

제19조(배우자 상속공제)

① 거주자의 사망으로 상속이 개시되어 배우자가 실제 상속받은 금액의 경우 다음 각 호의 금액 중 작은 금액을 한도로 상속세 과세가액에서 공제한다.

1. 다음 계산식에 따라 계산한 한도금액

한도 금액 = $(A - B + C) \times D - E$

A: 대통령령으로 정하는 상속재산의 가액

B: 상속재산 중 상속인이 아닌 수유자가 유증등을 받은 재산의 가액

C: 제13조 제1항 제1호에 따른 재산가액

D: 「민법」 제1009조에 따른 배우자의 법정상속분(공동상속인 중 상속을 포기한 사람이 있는 경우에는 그 사람이 포기하지 아니한 경우의 배우자 법정상속분을 말한다.)

E: 제13조에 따라 상속재산에 가산한 증여재산 중 배우자가 사전증여 받은 재산에 대한 제55조 에1항에 따른 증여세 과세표준

2. 30억 원

〈주의〉 다만, 상증세법에는 부득이한 사정이 있는 경우를 제외하고 5억 원을 초과하는 배우자 상속공제는 상속세 과세표준 신고기한의 다음 날부터 9개월이 되는 날까지 상속재산을 분할한 경우에만 적용되며, 이 경우 상속인은 상속재산의 분할 사실을 위 기한까지 납세지 관할세무서장에 신고하여야 한다고 되어 있어, 5억 원을 초과하는 금액에 대하여 배우자상속공제를 받기 위해서는 반드시 위 기간 내에 상속재산을 분

할하고 납세지 관할세무서장에게 신고하여야 한다는 점에 대하여 유의가 필요하다고 할 것입니다. 이러한 규정을 둔 이유는 일단 배우자 상속공제를 받아 상속세를 납부한 이후에 상속재산을 배우자가 아닌 자의 몫으로 분할함으로써 배우자 상속공제를 받은 부분에 대하여 조세회피를 하는 것을 방지하기 위한 것입니다.

제19조
② 제1항에 따른 배우자 상속공제는 제67조에 따른 상속세과세표준 신고기한의 다음날부터 9개월이 되는 날(이하 이 조에서 "배우자상속재산분할기한"이라 한다.)까지 배우자의 상속재산을 분할(등기·등록·명의개서 등이 필요한 경우에는 그 등기·등록·명의개서 등이 된 것에 한정한다. 이하 이 조에서 같다.)한 경우에 적용한다. 이 경우 상속인은 상속재산의 분할사실을 배우자상속재산분할기한까지 납세지 관할세무서장에게 신고하여야 한다.
③ 제2항에도 불구하고 대통령령으로 정하는 부득이한 사유로 배우자상속재산분할기한까지 배우자의 상속재산을 분할할 수 없는 경우로서 배우자상속재산분할기한[부득이한 사유가 소(訴)의 제기나 심판청구로 인한 경우에는 소송 또는 심판청구가 종료된 날의 다음 날부터 6개월이 되는 날(배우자상속재산분할기한의 다음 날부터 6개월이 지나 제76조에 따른 과세표준과 세액의 결정이 있는 경우에는 그 결정일을 말한다)까지 상속재산을 분할하여 신고하는 경우에는 배우자상속재산분할기한까지 분할한 것으로 본다. 다만, 상속인이 그 부득이한 사유를 대통령령으로 정하는 바에 따라 배우자상속재산분할기한까지 납세지 관할세무서장에게 신고하는 경우에 한정한다.

4) 기초공제 및 그 밖의 인적공제 그리고 일괄공제
- 국가가 다 세금으로 가져가고 나면 남은 가족은?

피상속인 명의의 상속재산이 있다는 것은, 그가 가정경제의 일부분을 담당했다는 것이고, 따라서 피상속인이 사망하게 되면 유족들은 상황에 따라 경제적 어려움에 직면하게 됩니다. 특히 피상속인이 얼마 되지 않은 재산을 남기고 사망한 경우에도 어려운 형편에 있는 남아 있는 유족들에게 세금을 물리는 것은 가혹한 일이 될 것입니다.

이에 법은 상속인이 피상속인의 사망 후에도 최소한의 생활을 안정적으로 유지하고, 가정환경에 알맞은 세금을 납부하도록 하기 위하여 여러 인적공제제도를 두고 있습니다.

가) 기초공제

먼저 상속이 이루어지는 경우 상증세법은 기초공제라고 하여, 별다른 요건을 묻지 않고, 일단 상속재산에서 기본적으로 2억 원을 공제해 줍니다.

> 제18조(기초공제)
> 거주자나 비거주자의 사망으로 상속이 개시되는 경우에는
> 상속세 과세가액에서 2억 원을 공제한다.

나) 자녀공제

이에 더하여 피상속인이 남긴 자녀들에게는 1인당 5,000만 원씩 공제를 해 주고 있습니다. 이때 자녀 수를 묻지 않으므로, 자녀 수가 많을수록 많은 금액을 공제받게 됩니다. 이에 추가하여 자녀가 미성년자(만 19세 미만인 자를 말합니다.)일 경우, 혹은 자녀는 아니지만 동거가족(피상속인이 부양하고 있는 형제자매 및 손·자녀 등)이 있을 경우 이들을 부양하기 위한 돈이 필요할 것이므로, 19세가 될 때까지의 연수에 1천만 원을 곱한 금액을 공제해 주고 있습니다. 이때 자녀공제와 미성년자 공제는 합산하여 공제를 하게 됩니다.

〈심화〉 태아도 공제대상 자녀에 포함이 될까요?

미성년자 및 자녀공제 대상에 태아도 포함되며 태아에 대한 공제를 받으려는 사람은 상속세 과세표준신고를 할 때 임신사실을 확인할 수 있는 서류를 납세지 관할세무서장에게 제출하여야 합니다.

다) 연로자·장애인 공제

반대로 피상속인이 나이 드신 분을 부양하는 경우도 있을 것입니다. 이 경우에는 연로자 1인당 5,000만 원을 공제해 줍니다(연로자 공제).

또한 장애인을 부양하고 있었을 경우에는 1천만 원에 그 사람이 살아 있을 것으로 예상되는 수명(이를 기대여명이라고 합니다.)까지의 연수를 곱한 금액을 공제해 주고 있습니다(장애인 공제). 이때, 장애인에 대한 공제를 받으려는 사람은 상속세 과세표준신고를 할 때 장애인증명서를 납세지 관할 세무서장에게 제출해야 합니다. 이 경우 해당 장애인이 「국가유공자 등 예우 및 지원에 관한 법률」에 따른 상이자의 증명을 받은 사람 또는 「장애인복지법」에 따른 장애인등록증을 교부받은 사람인 경우에는 해당 증명서 또는 등록증으로 장애인증명서를 갈음할 수 있습니다.

구분	대상	공제액(인원수 제한 없음)
자녀 공제	자녀(제한 없음)	1인당 5천만 원
미성년자 공제	상속인(배우자 제외) 및 동거가족 중 19세 미만	19세까지 잔여연수 × 1,000만 원
연로자 공제	상속인(배우자 제외) 및 동거가족 중 60세 이상	1인당 5,000만 원
장애인 공제	상속인(배우자 제외) 및 동거가족 중 장애인	장애인의 기대여명 연수 × 1,000만 원

제20조(그 밖의 인적공제)
① 거주자의 사망으로 상속이 개시되는 경우로 다음 각 호의 어느 하나에 해당하는 경우에는 해당 금액을 상속세 과세가액에서 공제한다. 이 경우 제1호에 해당하는 사람이 제2호에 해당하는 경우 또는 제4호에 해

당하는 사람이 제1호부터 제3호까지 또는 제19조에 해당하는 경우에는 각각 그 금액을 합산하여 공제한다.

1. 자녀(태아를 포함한다) 1명에 대해서는 5천만 원.
2. 상속인(배우자는 제외한다.) 및 동거가족 중 미성년자(태아를 포함한다.)에 대해서는 1천만 원에 19세가 될 때까지의 연수(年數)를 곱하여 계산한 금액.
3. 상속인(배우자는 제외한다.) 및 동거가족 중 65세 이상인 사람에 대해서는 5천만 원.
4. 상속인 및 동거가족 중 장애인에 대해서는 1천만 원에 상속개시일 현재 「통계법」 제18조에 따라 통계청장이 승인하여 고시하는 통계표에 따른 성별ㆍ연령별 기대여명(期待餘命)의 연수를 곱하여 계산한 금액.

② 제1항 제2호부터 제4호까지에 규정된 동거가족과 같은 항 제4호에 규정된 장애인의 범위 및 같은 항에 따른 공제를 받기 위한 증명서류의 제출에 필요한 사항은 대통령령으로 정한다.

③ 제1항 제2호 및 제4호를 적용할 때 1년 미만의 기간은 1년으로 한다.

〈심화〉 중복해서 공제도 가능한가요?

이때 장애인 공제에 해당하는 자가 자녀공제, 미성년자공제, 연로자 공제 및 배우자 상속 공제에 해당하는 경우 각각 그 공제금액을 합산하여 공제해 주며, 자녀공제와 미성년자 공제도 합산하여 공제를 해 주고 있습니다.

라) 일괄공제 - 상속재산이 적다면 5억 원이 공제된다는 것만 기억

이와 같은 계산방식이 다소 복잡하게 느껴지실 것입니다. 이에 상 증세법은 상속재산이 많지 않은 경우 재산상속을 보장해주고 또 간 편하게 이를 계산할 수 있도록 하기 위하여 5억 원을 일괄하여 공제 하도록 하여 상속재산이 5억 원까지는 일응 세금을 납부하지 않아도 되도록 하고 있습니다.

상속세 신고기한 내(상속새시일이 속하는 달의 말일부터 6개월 이 내)에 신고를 하지 않을 경우 일괄공제 5억 원만 적용이 되므로, 5억 원 이상 인적공제를 받고자 하는 자는 반드시 상속세 신고기한 내 신 고를 하여야 합니다. 또한 배우자가 단독으로 상속받은 경우에는 일 괄공제가 적용되지 않으며, 기초공제와 그 밖의 인적공제액을 합친 금액으로만 공제되게 됩니다.

> 제21조(일괄공제)
> ① 거주자의 사망으로 상속이 개시되는 경우에 상속인이나 수유자는 제18조와 제20조 제1항에 따른 공제액을 합친 금액과 5억 원 중 큰 금 액으로 공제받을 수 있다. 다만, 제67조 또는 「국세기본법」 제45조의3 에 따른 신고가 없는 경우에는 5억 원을 공제한다.
> ② 제1항을 적용할 때 피상속인의 배우자가 단독으로 상속받는 경우에 는 제18조와 제20조 제1항에 따른 공제액을 합친 금액으로만 공제한다.

〈심화〉 상속재산이 적을 경우에는 상속세를 신경 쓰지 않아도 된다
던데 그 금액은 얼마인가요?

상속재산 과세표준이 50만 원 미만이면 상속세를 부과하지 않습니다(상증세법 제25조). 따라서 상속재산이 5억 원 이하일 경우에는 일괄공제가 적용되어 세액이 0원이 되므로 앞서의 인적공제를 복잡하게 신경 쓰지 않아도 된다고 할 것입니다.

더 나아가 배우자 공제와 일괄공제는 함께 적용이 가능하므로, 상속인 중에 배우자가 있는 경우 배우자 최소 공제액 5억 원+일괄공제액 5억 원 합계액 10억 원까지는 상속세가 부과되지 않으며, 따라서 이러한 경우에는 상속세 신고를 하지 않아도 가산세가 부과되지는 않습니다. 다만, 상속재산이 5억 원(상속인에 배우자가 있는 경우는 10억 원) 이하이더라도 사전 증여받은 금액이 있거나, 추정상속재산이 있는 경우 혹은 상속재산의 가액산정 등을 잘못하여 상속재산 가액이 5억 원(상속인에 배우자가 있는 경우는 10억 원)이 초과하게 되는 경우가 있을 수 있고 이 경우 가산세가 부과될 수 있으므로 주의가 필요하다고 할 것입니다.

또한 부동산 등을 상속받은 경우 상속재산 가액을 신고하면 추후 해당 부동산을 양도할 때 양도소득세 계산에 있어 유리한 경우도 있으므로 이러한 경우에도 상속세 신고를 고려해 볼 필요가 있다고 할 것입니다. 이처럼 상속재산에 대하여 판단이 어려우실 경우에는 반

드시 전문가의 상담을 받아보시기 바랍니다.

5) 동거주택 상속공제
- 분가하지 않은 자녀가 있다면 반드시 알아야 할 상속공제

동거주택 상속공제는 자녀들이 오랜 기간 부모님과 함께 살며 봉양하였을 경우, 상속세를 일부 공제해 주어 혜택을 주는 제도입니다. 봉양이라는 표현을 사용했지만, 반드시 경제적으로 기여할 것을 요건으로 하고 있지는 않으며, 함께 살기만 했어도 혜택을 부여하고 있습니다. 따라서 1주택자이고, 성년이 되었지만 분가하지 않고, 성년이 된 후 10년 이상 함께 살았던 자녀가 있다면 동거주택 상속공제의 혜택을 받을 수 있습니다. 이때 혜택을 받기 위해서는 원칙적으로 자녀가 무주택자여야 하고, 함께 산 그 자녀가 주택을 상속 받아야 합니다.

제23조의2(동거주택 상속공제)

① 거주자의 사망으로 상속이 개시되는 경우로서 다음 각 호의 요건을 모두 갖춘 경우에는 상속주택가액(「소득세법」 제89조 제1항 제3호에 따른 주택부수토지의 가액을 포함하되, 상속개시일 현재 해당 주택 및 주택부수토지에 담보된 피상속인의 채무액을 뺀 가액을 말한다.)의 100분의 100에 상당하는 금액을 상속세 과세가액에서 공제한다. 다만, 그 공제할 금액은 6억 원을 한도로 한다.

1. 피상속인과 상속인(직계비속 및 「민법」 제1003조 제2항에 따라 상속인이 된 그 직계비속의 배우자인 경우로 한정하며, 이하 이 조에서 같다.)이 상속개시일부터 소급하여 10년 이상(상속인이 미성년자인 기간은 제외한다.) 계속하여 하나의 주택에서 동거할 것.

2. 피상속인과 상속인이 상속개시일부터 소급하여 10년 이상 계속하여 1세대를 구성하면서 대통령령으로 정하는 1세대 1주택(이하 이 조에서 "1세대 1주택"이라 한다.)에 해당할 것. 이 경우 무주택인 기간이 있는 경우에는 해당 기간은 전단에 따른 1세대 1주택에 해당하는 기간에 포함한다.

3. 상속개시일 현재 무주택자이거나 피상속인과 공동으로 1세대 1주택을 보유한 자로서 피상속인과 동거한 상속인이 상속받은 주택일 것

〈절세 팁〉 따라서 피상속인이 남긴 재산이 1주택 이외에도 현금, 토지 등이 있고, 동거 자녀가 있다면 상속재산분할협의 시 동거 자녀에게 주택에 많은 비중을 두어 넘겨주고 다른 자녀들은 토지나 현금을 물려주는 것이 동거주택상속공제가 적용되어 절세에 도움이 될 것입니다.

〈심화〉 하나의 주택에 10년 이상 살아야 한다고 했는데, 저희 집은
A 아파트에 2년 살고 나서 판 후, B 아파트를 구매하여 8년
동안 거주하였습니다. 그렇다면 이렇게 여러 곳을 이사 다녔
을 경우에는 공제를 못 받는 것인가요?

이에 대하여 기획재정부는 1세대 1주택 요건을 유지하면서 10년 이
상 동거하는 경우 10년 이상 하나의 주택에서 동거에 해당한다고 해
석(재재산-669, 2011.8.19.)한바 있습니다. 즉, 1주택으로 10년 이상
함께 살면 되고, 상속인이 동거주택상속공제를 적용받고자 하는 그
주택을 10년 이상 보유하지 않아도 되며, 또한 그 주택에서 10년 이
상 계속하여 동거하지 아니하여도 됩니다(사전-2022-법규재산-0266,
2022.6.27.). 또한 나아가 국세청은 (소위 갭투자를 하여) 10년 이상
타인소유의 주택을 임차(전세)하여 동거하고 상속개시일 현재 상속
주택에는 동거하고 있지 않아도 동 규정이 적용된다고 보고 있습니
다(상속증여-15, 2013.3.27.) 결론적으로 이사를 다녔더라도 계속하
여 1주택 요건만 갖추었다면 동거주택상속공제 혜택을 받을 수 있습
니다.

〈심화〉 부모님과 함께 살던 중에 지방으로 대학교를 진학하게 되어
일시적으로 동거하지 못하게 되었습니다. 이 경우에도 혜택
을 받을 수 있는지요?

'동거'란 동일한 주거지에서 같이 먹고 자는 등 일상생활을 함께 하는 것을 의미합니다. 그런데 취학, 직장이나 입영 등을 이유로 부득이 일시적으로 동거하지 못한 경우가 발생할 수 있습니다. 이에 대하여 상증세법은 이러한 경우에도 계속하여 동거한 것으로 보되, 그 동거하지 못한 기간은 산입하지 않도록 하고 있습니다. 따라서 사안의 경우에도 대학교를 다니던 기간을 뺀 나머지 기간에 부모님과 동거한 기간이 10년이 넘었다면 동거주택상속공제 규정이 적용됩니다. 단 해외로 유학한 경우에는 이러한 취학의 범위에 포함되지 않을 수 있음을 유의하여야 할 것입니다(조심2022서1899, 2022.10.20.).

제23조의2(동거주택 상속공제)
② 제1항을 적용할 때 피상속인과 상속인이 대통령령으로 정하는 사유에 해당하여 동거하지 못한 경우에는 계속하여 동거한 것으로 보되, 그 동거하지 못한 기간은 같은 항에 따른 동거 기간에 산입하지 아니한다.
② 법 제23조의2 제2항에서 "대통령령으로 정하는 사유"란 다음 각 호의 어느 하나에 해당하는 경우를 말한다.
1. 징집
2. 취학, 근무상 형편 또는 질병 요양의 사유로서 기획재정부령으로 정하는 사유
3. 제1호 및 제2호와 비슷한 사유로서 기획재정부령으로 정하는 사유

6) 그 밖에 상속세를 줄이는 요소들

가) 금융재산 상속공제 - 부동산 재산에 비하여 불이익한 측면 고려

상속재산은 상속재산의 가액에 대하여 부과하는 세금이고, 따라서 토지 등의 자산은 가액으로 평가하는 과정이 필요하다고 말씀드린바 있습니다. 그런데 이러한 가액 산정은 거래가격이 없으면 기준 시가에 의하도록 하고 있으며, 기준 시가는 통상 그 토지 등의 거래 가격보다 낮게 책정되므로, 가치가 명확한 금융자산의 경우, 토지 등의 자산보다 자산 평가에서 불리한 측면이 있습니다.

이러한 상속재산 간 평가의 불이익을 시정하기 위하여 예금, 주식 등의 금융재산을 보유한 경우에는 금융재산에서 금융채무를 뺀 '순금융재산'을 중 일정액을 상속세 과세 금액에서 공제해 주고 있습니다.

제22조(금융재산 상속공제)

① 거주자의 사망으로 상속이 개시되는 경우로서 상속개시일 현재 상속재산가액 중 대통령령으로 정하는 금융재산의 가액에서 대통령령으로 정하는 금융채무를 뺀 가액(이하 이 조에서 "순금융재산의 가액"이라 한다.)이 있으면 다음 각 호의 구분에 따른 금액을 상속세 과세가액에서 공제하되, 그 금액이 **2억원을 초과하면 2억원을 공제**한다.

1. 순금융재산의 가액이 **2천만원을 초과하는 경우**: 그 순금융재산의 가액의 100분의 20 또는 2천만원 중 큰 금액

2. 순금융재산의 가액이 **2천만원 이하인 경우**: 그 순금융재산의 가액

② 제1항에 따른 금융재산에는 대통령령으로 정하는 최대주주 또는 최대출자자가 보유하고 있는 주식등과 제67조에 따른 상속세 과세표준 신고기한까지 신고하지 아니한 타인 명의의 금융재산은 포함되지 아니한다.

〈심화〉 아버지가 상속재산으로 창고를 남겼는데, 수해로 창고가 훼손되었습니다. 이 경우에도 상속세를 전액 부담하여야 하나요?

우리 상중세법은 재난으로 인하여 상속재산이 멸실·훼손된 경우, 재난으로 인하여 손실된 상속재산의 가액을 공제해 주고 있습니다. 따라서 문의하신 사안의 경우 수해로 인한 손실가액을 상속세 과세가액에서 공제받을 수 있습니다. 다만 보험금 등을 통하여 손실액의 일부를 보전 받을 수 있을 경우에는 그 상당액은 공제대상액에서 제외된다는 점 유의하시기 바랍니다.

제23조(재해손실 공제)

① 거주자의 사망으로 상속이 개시되는 경우로서 제67조에 따른 신고기한 이내에 대통령령으로 정하는 재난으로 인하여 상속재산이 멸실되거나 훼손된 경우에는 그 손실가액을 상속세 과세가액에서 공제한다. 다만, 그 손실가액에 대한 보험금 등의 수령 또는 구상권(求償權) 등의 행사에 의하여 그 손실가액에 상당하는 금액을 보전(補塡)받을 수 있는 경우에는 그러하지 아니하다.

② 제1항에 따라 손실공제를 받으려는 상속인이나 수유자는 그 손실가액·손실내용 및 이를 증명할 수 있는 서류를 대통령령으로 정하는 바에 따라 납세지 관할세무서장에게 제출하여야 한다.

나) 가업상속공제, 영농상속공제 - 가업을 물려줄 경우의 정책적 고려

중소·중견기업의 경영자인 피상속인이 갑작스럽게 사망하였는데, 주요 상속재산이 해당기업의 주식일 경우, 상속세를 납부하기 위해서는 해당 주식을 매각하는 방법밖에 없을 것입니다. 이렇게 주식을 매각하게 되면 안정적으로 기업을 승계하여 운영하기 어려운 경우가 발생하며, 상속세 부담 때문에 가업상속을 포기하게 되면 가업에 내려온 기술·경영상의 노하우의 활용 및 전수가 사라지게 되어 국가적으로도 손실인 측면이 있습니다.

이에 상증세법은 과도한 상속세 부담으로 인하여 피상속인이 생전에 영위하던 가업의 상속을 포기하는 것을 방지함으로써 경제의 근간이 되는 중소기업 등 기업의 원활한 승계를 지원하고 이를 통하여 경제발전과 고용유지의 효과를 도모하기 위하여 기업상속공제제도를 두고 있습니다(대법원 2018두39713).

간단하게 제도를 소개드리면 국내 거주자인 피상속인이 생전에 10년 이상 운영한 중소기업 등을 상속인에게 정상적으로 승계한 경우 최대 500억 원까지 상속공제를 해 주고 있습니다. 다만, 가업상속공제 대상에 해당하려면 가업, 피상속인 및 상속인에 대한 요건을 모두 충족하여야 하며, 세법에서 정한 사후 의무 요건을 이행하여야 합니다.

또한, 세법은 이러한 기업뿐 아니라 영농후계자들에게도 상속공제 혜택을 주고 있습니다. 영농상속공제란 피상속인이 생전에 영농(가축이나 나무를 키우거나 어업에 종사하는 경우를 포함합니다.)에 종사한 경우에 영농상속재산을 영농에 종사하는 상속인에게 승계할 경우, 그 영농상속재산가액에 상당하는 금액을 공제(30억 원을 한도로 합니다.)하는 방식으로 세법상 혜택을 주어 상속인이 영농에 종사할 수 있도록 지원하는 제도입니다.

이러한 제도를 둔 이유는 영농 상속에 대하여는 영농의 계속을 전제로 추가공제의 혜택을 부여함으로써 농민의 경제활동을 지원하는 한편, 영농의 물적 기반이 되는 농지를 보존하고자 하는 데에 그 취지가 있습니다(조심 2013구2929, 2013.8.13.).

이러한 가업상속공제나 영농상속공제는 그 취지가 유사하여 두 공제 사이에 중복공제는 허용되지 않습니다. 또한 공제액이 크나, 사후관리

의무 등 요건이 까다로워, 개념을 이해하시고 요건에 해당하신다고 생각하실 경우 전문가의 상담을 받아 진행하시는 것이 좋을 것입니다.

제18조의2(가업상속공제)

① 거주자의 사망으로 상속이 개시되는 경우로서 가업[대통령령으로 정하는 중소기업 또는 대통령령으로 정하는 중견기업(상속이 개시되는 소득세 과세기간 또는 법인세 사업연도의 직전 3개 소득세 과세기간 또는 는 법인세 사업연도의 매출액 평균금액이 5천억 원 이상인 기업은 제외한다. 이하 이 조에서 같다.)으로서 피상속인이 10년 이상 계속하여 경영한 기업을 말한다. 이하 같다]의 상속(이하 "가업상속"이라 한다.)에 해당하는 경우에는 가업상속 재산가액에 상당하는 금액을 상속세 과세가액에서 공제한다. 이 경우 공제하는 금액은 다음 각 호의 구분에 따른 금액을 한도로 한다.

1. 피상속인이 10년 이상 20년 미만 계속하여 경영한 경우: 300억 원

2. 피상속인이 20년 이상 30년 미만 계속하여 경영한 경우: 400억 원

3. 피상속인이 30년 이상 계속하여 경영한 경우: 600억 원

제18조의3(영농상속공제)

① 거주자의 사망으로 상속이 개시되는 경우로서 대통령령으로 정하는 영농[양축(養畜), 영어(營漁) 및 영림(營林)을 포함한다. 이하 이 조에서 같다.]의 상속(이하 "영농상속"이라 한다.)에 해당하는 경우에는 영농상속 재산가액에 상당하는 금액(30억 원을 한도로 한다.)을 상속세 과세가액에서 공제한다.

② 제1항에 따른 공제(이하 "영농상속공제"라 한다.)를 받으려는 상속인은 영농상속에 해당함을 증명하기 위한 서류를 제67조 제2항에 따라 납세지 관할세무서장에게 제출하여야 한다.

현재까지의 내용을 표로 정리하면 아래와 같습니다.

〈현재까지의 상속세 계산표〉

1. 본래 상속재산가액	
+	• 보험금, 퇴직금 등(간주상속재산 가액) • 현금인출액, 채무 부담액(추정상속재산 가액)
= 2. 총 상속재산가액	
-	• 국가 등에 유증한 재산, 금양임야 및 묘토 등 가액, 공익 법인 출연재산 가액, 공익신탁 재산가액 (비과세 재산가액 및 과세가액 불산입액)
= 3. 상속세 과세 대상 재산가액	
-	• 공과금, 장례비, 채무
+	• 사전 증여 재산
= 4. 상속세 과세가액	
-	• 기초공제, 배우자공제, 일괄 공제 등(상속공제) • 금융재산 공제 등 • 가업상속공제, 영농상속공제 등(상속공제)
	• 감정평가 수수료
= 상속세 과세표준	

5.
상속세 세율

드디어 상속세 계산의 마지막 단계에 진입하였습니다. 현재까지 계산된 상속세 과세표준에서 세율을 곱하면 산출세액이 나오게 됩니다.

현재 상증세법은 상속세 세율을 최저 10%에서 최고 50%까지 5단계의 누진세율을 적용하고 있습니다. 우리나라의 상속세 최고세율은 50%인데, 이는 OECD국가 중 일본(55%) 다음으로 높은 수치입니다. 이에 경제인단체는 부에 대한 징벌적 과세로 세금 부담이 과중하다며, OECD 평균 수준인 30%로 인하하고, 과표구간을 현행 5단계에서 3단계로 축소하며, 중장기적으로는 상속세를 폐지하여야 한다고 주장하고 있으며, 상속세 폐지 내지 개편에 관한 논의가 활발하게 이루어지고 있습니다.

그러나 필자 개인적인 생각으로는 상속세의 부의 재분배 기능을 고려할 때, 빈부격차가 심해지고 있는 우리나라 상황에서 단기간에 상속세가 폐지되기는 어려울 것으로 보입니다.

제26조(상속세 세율)

상속세는 제25조에 따른 상속세의 과세표준에 다음의 세율을 적용하여 계산한 금액(이하 "상속세산출세액"이라 한다.)으로 한다.

〈과세표준〉	〈세율〉
1억 원 이하	과세표준의 100분의 10
1억 원 초과 5억 원 이하	1천만 원 + (1억 원을 초과하는 금액의 100분의 20)
5억 원 초과 10억 원 이하	9천만 원 + (5억 원을 초과하는 금액의 100분의 30)
10억 원 초과 30억 원 이하	2억 4천만 원 + (10억 원을 초과하는 금액의 100분의 40)
30억 원 초과	10억 4천만 원 + (30억 원을 초과하는 금액의 100분의 50)

〈심화〉 저는 55세로 나이도 있고 재산에 여유가 있어, 굳이 아버지의 재산을 상속받을 필요가 없는 상황입니다. 제가 아버지의 재산을 상속받는 것보다, 저는 상속을 포기하여 아버지의 재산을 제 딸에게 직접 상속하면 상속세를 절감할 수 있지 않을까요?

피상속인의 재산을 상속인(자녀)이 상속 받은 후(1단계) 다시 상속인의 자녀(손자녀)에게 상속(2단계)을 하게 되면 상속세를 1, 2 각 단계에서 두 번 납부해야 하므로, 피상속인이 손자녀에게 직접 상속하면 일반적으로는 상속세가 절감되게 됩니다. 이를 세대를 건너뛴 상속이라고 합니다. 그러나 우리 세법은 이러한 세대를 건너뛴 상속을 통한 상속세 회피를 방지하기 위하여 두 가지 제도를 시행하고 있으므로 유의가 필요합니다.

먼저, 세대를 건너 뛴 상속의 경우 상속세를 할증하도록 하고 있습니다. 즉, 상속인이나 수유자가 피상속인의 손자녀일 경우에는 30%에 상당하는 금액을 가산하도록 하고 있습니다. 또한 손자녀가 미성년자이면서 받을 상속재산의 가액이 20억 원을 초과할 경우에는 40%를 가산하고 있습니다.

제27조(세대를 건너뛴 상속에 대한 할증과세)
상속인이나 수유자가 피상속인의 자녀를 제외한 직계비속인 경우에는 제26조에 따른 상속세산출세액에 상속재산(제13조에 따라 상속재산에 가산한 증여재산 중 상속인이나 수유자가 받은 증여재산을 포함한다. 이하 이 조에서 같다.) 중 그 상속인 또는 수유자가 받았거나 받을 재산이 차지하는 비율을 곱하여 계산한 금액의 100분의 30(피상속인의 자녀를 제외한 직계비속이면서 미성년자에 해당하는 상속인 또는 수유자가 받았거나 받을 상속재산의 가액이 20억 원을 초과하는 경우에는 100분의 40)에 상당하는 금액을 가산한다. 다만, 「민법」 제1001조에 따른 대습상속(代襲相續)의 경우에는 그러하지 아니하다.

다음으로 상속공제가 제한될 수 있습니다. 즉, 상증세법은 세대를

건너뛴 상속의 경우 상속공제 한도액을 상속세 과세가액에서 상속포기한 금액 등을 뺀 금액을 한도로 한 금액으로 제한하여, 이러한 세대를 건너뛴 상속을 할 경우 앞서 본 각종 상속공제(일괄공제, 배우자공제, 자녀공제, 동거주택 상속공제 등)가 사실상 배제되도록 하고 있습니다.

제24조(공제 적용의 한도)
제18조, 제18조의2, 제18조의3, 제19조부터 제23조까지 및 제23조의2에 따라 공제할 금액은 제13조에 따른 상속세 과세가액에서 다음 각 호의 어느 하나에 해당하는 가액을 뺀 금액을 한도로 한다. 다만, 제3호는 상속세 과세가액이 5억 원을 초과하는 경우에만 적용한다.
1. 선순위인 상속인이 아닌 자에게 유증등을 한 재산의 가액.
2. 선순위인 상속인의 상속 포기로 그 다음 순위의 상속인이 상속받은 재산의 가액.
3. 제13조에 따라 상속세 과세가액에 가산한 증여재산가액(제53조 또는 제54조에 따라 공제받은 금액이 있으면 그 증여재산가액에서 그 공제받은 금액을 뺀 가액을 말한다.).

예를 들어 10억 원의 상속재산을 배우자와 자녀가 상속하는 경우, 배우자 공제 5억 원과 일괄공제 5억 원이 적용되어, 상속세가 부과되지 않습니다. 그런데 자녀가 상속을 포기하여 5억 원이 손자녀에게 상속되면, 상속공제 한도액이 5억 원(10억-상속포기로 손자녀가 상속받은 5억 원)이므로 5억 원만 공제되어 남은 5억 원에 30%가 할중되어 상속세 부담이 커지게 됩니다.

이처럼 사안에 따라 내지 않아도 될 상속세를 부담하게 되는 경우가 발생하므로 세대를 건너뛴 상속이라고 하여 무조건 절세 효과가 있는 것은 아니며, 전문가의 상담을 받아 상속 방법을 결정하는 것이 좋다고 할 것입니다.

6.
상속세 납세의무자
- 상속세는 누가, 얼마만큼 내나?

    이렇게 계산된 상속세를 상속인, 유증을 받거나 사인증여를 받은 사람 등 상속으로 인하여 상속재산을 나누어 가진 사람들이, 원칙적으로는 각자 상속재산을 취득한 비율대로 납부하게 됩니다. 여기서 원칙적으로라고 한 이유는 상증세법은 상속세를 각자가 받았거나 받을 재산을 한도로 연대하여 납부할 의무를 진다고 하고 있기 때문입니다. 이때 연대한다는 것은 채무 전부를 함께 부담해야 한다는 의미 정도로 생각할 수 있습니다.

    따라서 원칙적으로는 받은 상속재산의 비율만큼만 상속세를 납부하면 되지만, 다른 누군가 상속세를 납부하지 않는다면 다른 상속세 납부의무자들이 내야 할 상속세까지 부담하는 경우가 있을 수 있습니다. 다만 이러한 납부 의무는 무제한 인정되는 것이 아니라, 자신이 받았거나 받을 재산을 한도로 인정될 뿐입니다. 예를 들어 상속재산인 20억 원을 자녀 A, B가 각 10억 원씩 상속받았는데, 내야 할 총상속세액이 5억 원인 경우, A, B가 각 납부해야 할 상속세는 5억×

10/20=2억 5천만 원이지만, 만약 B가 상속세를 납부하지 않은 경우, 과세관청의 납부 요구에 따라 A는 나머지 2억 5천만 원에 대하여도 상속세를 납부하여야 합니다.

관련하여 피상속인이 상속인이 아닌 자에게 상속개시 전 5년 이내에 증여한 재산의 가액은 상속재산의 가액에는 포함되나, 그 상속인 아닌 자는 별도로 유증 또는 사인증여로 취득한 다른 상속재산이 없는 경우에는 상속세 납부 의무는 없는 점을 유의할 필요가 있습니다.

제3조의2(상속세 납부의무)
① 상속인(특별연고자 중 영리법인은 제외한다.) 또는 수유자(영리법인은 제외한다.)는 상속재산(제13조에 따라 상속재산에 가산하는 증여재산 중 상속인이나 수유자가 받은 증여재산을 포함한다.) 중 각자가 받았거나 받을 재산을 기준으로 대통령령으로 정하는 비율에 따라 계산한 금액을 상속세로 납부할 의무가 있다.
② 특별연고자 또는 수유자가 영리법인인 경우로서 그 영리법인의 주주 또는 출자자(이하 "주주등"이라 한다.) 중 상속인과 그 직계비속이 있는 경우에는 대통령령으로 정하는 바에 따라 계산한 지분상당액을 그 상속인 및 직계비속이 납부할 의무가 있다.
③ 제1항에 따른 상속세는 상속인 또는 수유자 각자가 받았거나 받을 재산을 한도로 연대하여 납부할 의무를 진다.

제2조(정의) 이 법에서 사용하는 용어의 뜻은 다음과 같다.
5. "수유자"(受遺者)란 다음 각 목에 해당하는 자를 말한다.

〈심화〉 남편이 얼마 전에 사망을 하여 저랑 저의 자녀들이 상속을 받기로 하였습니다. 자녀들이 아직 수입이 충분하지 않아, 자녀들이 낼 상속세를 제가 전부 부담하고 싶은데, 그래도 증여세 등의 문제가 발생하지 않을까요?

상속인은 상속받은 재산을 한도로 하여, 상속세를 연대납부할 의무를 부담합니다. 따라서 다른 사람의 상속세를 대신 내주더라도 자신의 의무를 이행한 것이므로, 증여세가 부과되지 않습니다. 따라서 부인이 상속받은 재산을 한도로 자녀들의 상속세를 부담하더라도 증여세 문제는 발생하지 않습니다. 다만 상속받은 재산의 가액을 넘어 상속세를 대신 납부할 경우에는 증여세가 부과될 수 있습니다.

〈심화〉 상속을 포기한 사람도 상속세를 내는 경우가 있다고 들었습니다. 어떠한 경우가 있는가요?

상속을 포기한 사람에게 상속세 납세 의무가 인정되는지 관련하여 과거 상중세법에서는 명문의 규정이 없어 논란이 있었고, 과세관청과 조세심판원은 납세 의무가 있다고 보았으나 법원은 상속포기를 한 경우 민법상 상속인이 아니므로 상속세 납부 의무가 없다고 보았습니다 (97누5022). 이를 명확히 하기 위해 현행 상중세법은 명문의 규정을 두어 상속을 포기한 자도 상속인에 해당한다고 규정하고 있습니다. 통상의 경우에는 상속을 받은 재산이 없으므로, 상속세 납부 의무가 없을 터이지만, 피상속인의 사망으로 보험금을 지급받은 경우, 상속 재산에 가산된 사전증여 받은 재산이 있거나 상속재산에 가산한 추정 상속재산이 있는 경우 상속세를 납부할 의무가 있을 수 있습니다.

7.

세액 공제 - 세금을 두 번 내는 것을
방지하기 위한 세액 공제

이제 납부할 상속세액 계산의 마지막 부분에 왔습니다. 상증세법에서는 이제까지 방식에 의하여 계산된 세액에 대하여, 성실한 납세 의무를 유도하거나 같은 사안에 대하여 세금을 두 번 내는 이중과세의 방지를 위하여 공제해 주는 제도를 두고 있습니다.

가. 세금을 두 번 내는 것을 방지하기 위한 공제

1) 증여세액공제

앞서 설명해 드렸듯이 상속세는 사망 전 증여한 재산의 가액도 포함되어 계산되며, 상속세 부과의 대상이 됩니다. 그렇지만 사망 전 증여한 재산에 대하여는 증여 당시 이미 증여세가 부과된 바 있으므로, 증여한 재산에 대하여 상속세를 부과하면, 증여세와 상속세의 세금을 두 번 납부하게 됩니다.

따라서 우리나라는 상속재산에 가산한 증여재산에 대한 증여세를 상속세에서 공제하도록 하여 이중으로 과세 되는 점을 시정하고 있습니다.

애초에 증여세를 납부한 재산은 상속세가 과세 되는 재산에서 제외하면 간편한데 굳이 증여 재산을 상속세 과세표준에 넣고, 다시 이미 납부한 증여세를 공제하는 번잡한 과정을 거치는 이유는 상속세를 누진 부과하고 있기 때문입니다. 즉 상속재산의 가액이 많으면 구간에 따라 상속세율이 올라가게 되는데, 만약 증여재산을 상속재산에 포함시키지 않는다면, 사전에 증여를 많이 할 경우 상속재산이 줄어들어 낮은 세율이 적용받게 되므로 상속세가 줄어드는 효과가 발생합니다. 이에 증여재산도 상속재산에 포함시키고 대신 이미 납부한 증여세를 공제해 주는 방식을 취하는 것입니다.

이때 상속인 및 수유자에게 증여한 재산에 대한 공제 방법과 상속인 및 수유자가 아닌 자에게 증여한 재산에 대한 공제 방법이 다릅니다. 즉, 증여재산을 받은 사람이 상속인 및 수유자 등 상속세 납부의무자일 경우에는 그 상속인 및 수유자의 상속받은 비율별로 계산된 '각자'의 상속세에서 직접 공제하고, 수증자가 상속인 및 수유자가 아닐 경우에는 총상속세 산출액에서 공제하도록 하고 있습니다.

이러한 증여세 공제가 미치는 사례를 단순화해서 예를 들면 계산된 총상속세액이 10억 원이고 상속인 B. C가 있으며, A가 증여받아 납부한 증여세액이 3억일 경우, A가 상속인이라면(상속인이 A, B, C라면) 10억 원의 상속세를 상속인 A, B, C가 상속받은 재산의 비율로 나눈 다음 A는 이렇게 계산된 자신이 납부해야 할 세액에서 3억 원을 공제한 금액을 납부하게 되며, 만약 A가 상속인이 아닐 경우 10억 원에서 A가 기납부한 증여세 3억 원을 공제한 7억 원을 B, C가 상속재산 비율별로 나누어 납부하게 됩니다.

다만 이러한 미리 납부한 세금으로 인한 공제로 오히려 혜택을 받는 것을 방지하기 위해, 이러한 공제는 상속세산출세액에 해당 가산된 증여재산의 과세표준이 상속재산의 과세표준에서 차지하는 비율을 곱하여 계산한 금액(수증자가 상속세납부의무자일 경우에는 각자가 납부할 상속세액에 상속재산에 가산된 증여재산의 과세표준이 상속인별과세표준에서 차지하는 비율을 한도)을 한도로 공제를 해 주고 있으므로 유의가 필요합니다.

> 제28조(증여세액 공제)
> ① 제13조에 따라 상속재산에 가산한 증여재산에 대한 증여세액(증여 당시의 그 증여재산에 대한 증여세산출세액을 말한다.)은 상속세산출세액에서 공제한다. 다만, 상속세 과세가액에 가산하는 증여재산에 대하여 「국세기본법」 제26조의2제4항 또는 제5항에 따른 기간의 만료로 인하여 증여세가 부과되지 아니하는 경우와 상속세 과세가액이 5억 원 이하인 경우에는 그러하지 아니하다.

② 제1항에 따라 공제할 증여세액은 상속세산출세액에 상속재산(제13조에 따라 상속재산에 가산하는 증여재산을 포함한다. 이하 이 항에서 같다.)의 과세표준에 대하여 가산한 증여재산의 과세표준이 차지하는 비율을 곱하여 계산한 금액을 한도로 한다. 이 경우 그 증여재산의 수증자가 상속인이거나 수유자이면 그 상속인이나 수유자 각자가 납부할 상속세액에 그 상속인 또는 수유자가 받았거나 받을 상속재산에 대하여 대통령령으로 정하는 바에 따라 계산한 과세표준에 대하여 가산한 증여재산의 과세표준이 차지하는 비율을 곱하여 계산한 금액을 한도로 각자가 납부할 상속세액에서 공제한다.

2) 외국납부세액공제

우리나라는 피상속인의 국내에 있는 재산뿐 아니라 재산이 해외에 있더라도 이에 대하여 상속세를 부과하고 있습니다. 그런데 해외에 있는 재산의 경우 그 나라의 법제에 따라 재산이 있는 국가에서 상속세를 부과하는 경우가 있습니다. 이처럼 해외에 있는 재산에 대하여 그 나라에서 상속세를 부과할 경우, 해외에서 한 번, 국내에서 다시 한 번 이렇게 중복하여 상속세가 부과되게 됩니다. 이러한 불합리한 점을 시정하기 위하여 외국 소재 상속재산에 대하여 외국에서 부과된 상속세액이 있는 경우, 상속세액에서 외국에서 상속세가 부과된 상속재산이 차지하는 비율을 계산한 일정 금액을 공제하도록 규정하고 있습니다.

제29조(외국 납부세액 공제)
거주자의 사망으로 상속세를 부과하는 경우에 외국에 있는 상속재산에 대하여 외국의 법령에 따라 상속세를 부과받은 경우에는 대통령령으로 정하는 바에 따라 그 부과받은 상속세에 상당하는 금액을 상속세산출세액에서 공제한다.

시행령 제21조(외국납부세액공제)
① 법 제29조에 따라 상속세산출세액에서 공제할 외국납부세액은 다음 계산식에 따라 계산한 금액으로 한다. 다만, 그 금액이 외국의 법령에 따라 부과된 상속세액을 초과하는 경우에는 그 상속세액을 한도로 한다.

$$\text{상속세 산출세액} \times \frac{\text{외국의 법령에 따라 상속세가 부과된 상속재산의 과세표준}}{\text{법 제25조 제1항에 따른 상속세의 과세표준}}$$

② 제1항의 규정에 의하여 외국납부세액공제를 받고자 하는 자는 기획재정부령이 정하는 외국납부세액공제신청서를 상속세과세표준신고와 함께 납세지관할세무서장에게 제출하여야 한다.

3) 단기재상속에 따른 세액공제

남편이 사망하여, 부인이 상속받은 재산에 대하여 상속세를 납부하였는데, 몇 개월이 지나지 않아 부인이 사망하여 다시 상속이 이루어지는 경우가 있습니다. 이러한 경우 상속세를 부담한 그 재산에 대하여 다시 상속세를 부담하게 되어 사실상 같은 재산에 대하여 중복하여 과세가 이루어지게 됩니다.

이러한 부당한 점을 완화하기 위하여 상속이 개시된 후 10년 이내에 상속인이나 수유자의 사망으로 다시 상속이 개시된 경우에는 그 재상속이 이루어지게 되기까지의 기간에 따라 상속세 산출세액 중에서 일정한 금액을 공제해 주고 있습니다. 이때 공제율은 재상속이 1년 이내에 이루어지는 경우 100%를 해 주며, 1년이 지날 때마다 공제율이 10%씩 줄어드는 구조로 되어 있고 따라서 기간이 10년이 초과하게 되면 세액공제는 인정되지 않게 됩니다. 또한 이때 단기상속에 따른 세액공제는 재상속된 각각의 재산별로 구분하여 계산하도록 되어 있습니다.

따라서 재상속된 것으로 인정되는 재산별로 법이 정한 산식을 적용하여 각 재산별 상속공제액을 산출하고 이를 합하여 전체 재상속 재산에 대한 세액공제기준액을 산정하여야 합니다. 이러한 과정이 상당히 복잡하므로, 단기재상속에 따른 세액공제 제도가 있다는 점을 알아 두시고 필요할 경우 전문가의 도움을 받는 것을 추천드리오며,

또한 전문가의 도움을 받으실 때에 반드시 이러한 단기 재상속이 있었다는 사실을 말씀드리시기 바랍니다.

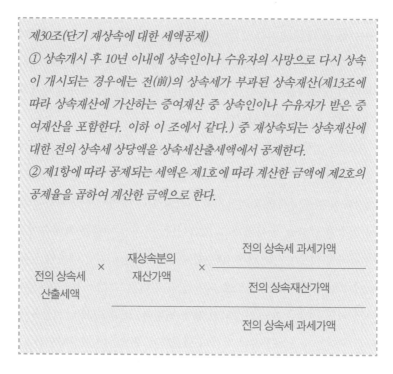

제30조(단기 재상속에 대한 세액공제)
① 상속개시 후 10년 이내에 상속인이나 수유자의 사망으로 다시 상속이 개시되는 경우에는 전(前)의 상속세가 부과된 상속재산(제13조에 따라 상속재산에 가산하는 증여재산 중 상속인이나 수유자가 받은 증여재산을 포함한다. 이하 이 조에서 같다.) 중 재상속되는 상속재산에 대한 전의 상속세 상당액을 상속세산출세액에서 공제한다.
② 제1항에 따라 공제되는 세액은 제1호에 따라 계산한 금액에 제2호의 공제율을 곱하여 계산한 금액으로 한다.

$$\text{전의 상속세 산출세액} \times \text{재상속분의 재산가액} \times \frac{\dfrac{\text{전의 상속세 과세가액}}{\text{전의 상속재산가액}}}{\text{전의 상속세 과세가액}}$$

그 밖에 상증세법은 성실납세를 유도하기 위하여 신고세액 공제제도를 두고 있는데 상속세의 신고 부분에서 설명드리도록 하겠습니다.

8.
상속세의 신고

　상속인 또는 수유자는 상속개시일이 속하는 달의 말일로부터 6개월(피상속인 또는 상속인이 외국에 주소를 둔 경우에는 9개월) 이내에 상속세 과세표준의 계산에 필요한 서류(상속재산의 종류, 수량 평가가액, 재산분할 및 각종 공제 등을 증명할 서류)들을 첨부하여 상속세과세표준 신고서를 관할 세무서장에게 제출하여야 합니다.

　이러한 신고 기한 내에 신고하고 자진납부한 경우에는 세액의 3%를 경감하는 혜택을 주며(신고세액 공제), 신고기한 내에 신고하지 아니하거나 신고하여야 할 과세표준에 미달하게 신고한 때에는 일반적인 무신고의 경우에는 20%(부정행위로 신고하지 아니한 경우에는 40%), 적게 신고한 경우에는 10%, 부정행위로 적게 신고한 경우에는 40%의 가산세가 부과되게 됩니다. 여기서 부정행위라 함은 이중장부의 작성 등 장부의 거짓 기록, 거짓 증명 또는 거짓문서의 작성 및 수취, 장부와 기록의 파기 등 조세의 부과와 징수를 불가능하게하거나 현저히 곤란하게 하는 적극적인 행위를 한 것을 말합니다.

이처럼 신고의 시기에 따라 세율에 미치는 영향이 크므로 반드시 신고기한을 지켜 상속세를 신고할 필요가 있습니다.

제67조(상속세 과세표준신고)
① 제3조의2에 따라 상속세 납부의무가 있는 상속인 또는 수유자는 상속개시일이 속하는 달의 말일부터 6개월 이내에 제13조와 제25조 제1항에 따른 상속세의 과세가액 및 과세표준을 대통령령으로 정하는 바에 따라 납세지 관할세무서장에게 신고하여야 한다.
② 제1항에 따른 신고를 할 때에는 그 신고서에 상속세 과세표준의 계산에 필요한 상속재산의 종류, 수량, 평가가액, 재산분할 및 각종 공제 등을 증명할 수 있는 서류 등 대통령령으로 정하는 것을 첨부하여야 한다.
③ 제1항의 기간은 유언집행자 또는 상속재산관리인에 대해서는 그들이 제1항의 기간 내에 지정되거나 선임되는 경우에 한정하며, 그 지정되거나 선임되는 날부터 계산한다.
④ 피상속인이나 상속인이 외국에 주소를 둔 경우에는 제1항의 기간을 9개월로 한다.
⑤ 제1항의 신고기한까지 상속인이 확정되지 아니한 경우에는 제1항의 신고와는 별도로 상속인이 확정된 날부터 30일 이내에 확정된 상속인의 상속관계를 적어 납세지 관할세무서장에게 제출하여야 한다.

제69조(신고세액 공제) ① 제67조에 따라 상속세 과세표준을 신고한 경우에는 상속세산출세액(제27조에 따라 산출세액에 가산하는 금액을 포함한다.)에서 다음 각 호의 금액을 공제한 금액의 100분의 3에 상당하는 금액을 공제한다.
1. 제74조에 따라 징수를 유예받은 금액.
2. 이 법 또는 다른 법률에 따라 산출세액에서 공제되거나 감면되는 금액.

〈심화〉 상속을 포기하였는데도 상속세 신고를 하여야 하나요?

상중세법은 '상속세 납부의무'가 있는 '상속인' 또는 수유자에게 상속세 신고 의무를 부과하고 있습니다. 상속을 포기한 상속인은 상속인에는 해당하나, 통상의 경우 상속을 포기하였으므로 상속받은 재산이 없어 상속세 납부 의무가 없으며 따라서 상속세 납부의무도 없을 것입니다. 그러나 예외적으로 상속 포기한 상속인이 피상속인이 가입한 보험의 수익자로 지정된 경우, 사전 증여받은 재산이 있는 경우, 상속재산에 가산한 추정상속재산이 있는 경우에는 상속세 납부의무가 있으며 따라서 상속세 신고의무도 있으므로 주의가 필요하다고 할 것입니다.

〈심화〉 누가 상속인인지에 대하여 다툼이 있어, 상속인이 확정되지 않은 상황입니다. 이 경우 신고기한은 언제인가요?

상속세 법정 신고 기한까지 상속인이 확정되지 않은 경우에는 상속개시일이 속하는 달의 말일까지 6월 이내에 상속세의 과세가액 및 과세표준을 납세지관할세무서장에게 신고하고, 이와 별도로 상속인이 확정된 날부터 30일 이내에 확정된 상속인의 상속관계를 적어 납세지 관할 세무서장에게 제출하여야 합니다.

〈심화〉 상속세 신고는 모든 상속인이 하여야 하나요?

공동상속인 중 1인이 상속세 과세표준신고서를 제출할 때에는 다른 상속인은 신고서 제출을 요하지 않습니다(재삼 46014-2484, 1996. 11.8.).

9.
상속세의 결정과 경정

    세금 중에는 적법한 신고행위가 있으며 그 신고행위로 납세 의무가 확정되는 세금이 있고, 신고여부에 불구하고 납세의무의 내용을 정부가 조사하여 결정하는 행위가 있어야 납세 의무가 확정되는 방식이 있습니다. 상속세 및 증여세는 후자의 방식에 해당하는 세금으로 신고가 있는 경우에는 관할 세무서장은 그 신고에 의하여 상속세 신고기한으로부터 9월이 경과하기 전에 상증세액을 결정하여야 하고, 신고가 없거나 신고에 오류나 누락이 있는 경우에는 과세표준과 세액 등을 조사하여, 결정하며, 결정 후에라도 다시 세액 등에 탈루나 오류가 있는 것을 발견할 때에는 조사하여 이를 고치도록 하고 있습니다.

    이렇게 결정한 상속세 과세표준과 세액은 그 산출 근거를 명시하여 상속인 등에게 통지하여야 하며, 이 경우 상속인 등이 2인 이상인 때에는 그 상속인이나 수유자 모두에게 통지를 하도록 되어 있습니다.

제76조(결정·경정)

① 세무서장등은 제67조나 제68조에 따른 신고에 의하여 과세표준과 세액을 결정한다. 다만, 신고를 하지 아니하였거나 그 신고한 과세표준이나 세액에 탈루(脫漏) 또는 오류가 있는 경우에는 그 과세표준과 세액을 조사하여 결정한다.

② 세무서장등은 「국세징수법」 제9조제1항 각 호의 어느 하나에 해당하는 사유가 있는 경우에는 제1항에도 불구하고 제67조나 제68조에 따른 신고기한 전이라도 수시로 과세표준과 세액을 결정할 수 있다.

③ 세무서장등은 제1항에 따른 신고를 받은 날부터 대통령령으로 정하는 기간(이하 "법정결정기한"이라 한다.) 이내에 과세표준과 세액을 결정하여야 한다. 다만, 상속재산 또는 증여재산의 조사, 가액의 평가 등에 장기간이 걸리는 등 부득이한 사유가 있어 그 기간 이내에 결정할 수 없는 경우에는 그 사유를 상속인·수유자 또는 수증자에게 알려야 한다.

④ 세무서장등은 제1항이나 제2항에 따라 과세표준과 세액을 결정할 수 없거나 결정 후 그 과세표준과 세액에 탈루 또는 오류가 있는 것을 발견한 경우에는 즉시 그 과세표준과 세액을 조사하여 결정하거나 경정(更正)한다.

제77조(과세표준과 세액의 결정 통지) 세무서장등은 제76조에 따라 결정한 과세표준과 세액을 상속인·수유자 또는 수증자에게 대통령령으로 정하는 바에 따라 통지하여야 한다. 이 경우 상속인이나 수유자가 2명 이상이면 그 상속인이나 수유자 모두에게 통지하여야 한다.

〈심화〉상속세를 신고한지 9개월이 지났는데도 현재까지 과세통지가 없는 상황입니다. 이 경우 신고대로 세액이 결정된 것인가요?

위 상증세법상 법정 결정기한은 상속세의 조속한 결정을 위한 훈시규정*으로서 법정기한 내에 결정을 하지 않았더라도 법정결정기한의 종료일에 과세표준과 세액이 결정된 것으로 보는 것은 아니라고 보고 있습니다(조심 2008중3394, 2008.12.18., 재산-527, 2020.7.19.). 따라서 추후에라도 신고와 다르게 세액이 결정될 수 있습니다.

* 따르지 않더라도 위법은 아니며 효력에 영향을 미치지 않음

〈심화〉신고된 상속재산이 어느 정도 되어야 세무조사를 받는 것인가요?

상속세는 정부가 조사·결정을 통하여 납세 의무가 확정되는 세금으로, 원칙적으로는 상속세 신고가 있다면, 금액을 불문하고 조사가 이루어진다고 보아도 무방합니다. 다만 상속재산 금액에 따라 지방국세청에서 조사하느냐, 일선세무서에서 조사하느냐 어느 정도 기간을 두고 조사하느냐 여부 등이 달라질 뿐입니다. 조사 시에는 상속개시일로부터 10년 내의 계좌에 대한 현금 흐름, 상속개시일 전 10년간 취득 혹은 매매한 부동산의 거래상황, 시가산정의 적정성 여부, 사전

에 증여한 재산은 없는지 등 신고에 누락이나 오류는 없는지 등에 대하여 확인을 하게 됩니다.

또한 주의할 것은 이렇게 조사 후 상속세가 결정되어 통지되더라도, 상속재산의 가액이 30억 원 이상인 경우, 상속개시일부터 5년 이내에 상속인이 보유한 부동산·주식 등 주요 재산이 상속 당시에 비하여 당시의 경제상황 등의 변동 등에 비추어 볼 때 비정상적으로 증가하였는데, 그 증가 이유가 객관적으로 명백하지 않은 경우, 누락이나 오류가 있는지 조사를 하도록 되어 있다는 것입니다. 이 경우 증가한 상속재산이 은닉된 상속재산일 가능성이 높다고 보는 것이지요. 또한 이렇게 법에 조사에 대한 규정을 둠으로써 조사를 할 수 있으니 조심하라는 취지로 사전 예고를 함으로써 성실납세를 유도하고자 하는 취지도 있다고 할 것입니다. 따라서 상속재산이 고액일 경우에는 특히 주의하여 상속세 신고가 필요하며, 사후 관리에도 신경을 쓸 필요가 있다고 할 것입니다.

10.
상속세의 납부 - 상속세를 한 번에 낼 돈이 없다면? (상속세 징수유예. 분할납부, 연부연납, 물납)

   상속세를 신고하는 자는 각 신고기한까지(상속개시일이 속하는 달의 말일부터 6개월 이내) 상속세를 납세지 관할 세무서, 한국은행 또는 우체국에 납부하여야 합니다. 그런데 뜻하지 않게 상속이 발생할 경우 예상외의 목돈인 상속세를 마련하여 한번에 납부하는 것은 쉬운 일이 아닐 것입니다. 이러한 점을 고려하여 상증세법에서는 세금을 나누어 낼 수 있는 분할납부제도와 연부연납제도 그리고 현금이 아닌 금전 이외의 재산으로 세금을 낼 수 있는 물납제도 등을 두고 있습니다.

제70조(자진납부)
① 제67조나 제68조에 따라 상속세 또는 증여세를 신고하는 자는 각 신고기한까지 각 산출세액에서 다음 각 호의 어느 하나에 규정된 금액을 뺀 금액을 대통령령으로 정하는 바에 따라 납세지 관할 세무서, 한국은행 또는 우체국에 납부하여야 한다.

1. 제69조 제1항 제1호 및 제2호에 규정된 금액.
2. 상속세의 경우에는 제69조 제1항 각 호 외의 부분에 따라 공제하는 금액.
3. 증여세의 경우에는 제69조 제2항에 따라 공제하는 금액.
4. 제71조에 따라 연부연납(年賦延納)을 신청한 금액.
5. 제72조의2에 따라 납부유예를 신청한 금액.
6. 제73조에 따라 물납을 신청한 금액.

가. 분할납부 또는 연부연납 - 상속세를 나누어 낼 수 있는 제도

먼저 분할납부제도에 대해서 설명을 드리면, 납부할 세액이 1천만 원 초과 2천만 원 이하인 때에는 1천만 원을 초과하는 금액을, 그리고 납부할 세액이 2천만 원을 초과하는 때에는 그 세액의 100분의 50 이하의 금액을 납부기한 경과 후 '2개월 이내'에 분할하여 납부할 수 있는 제도입니다. 이 경우 상속세 신고서의 '분납'란에 분할하여 납부할 세액을 기재하여 신고서를 제출할 때에 분납 신청이 완료되므로 별도 신청서를 제출할 필요는 없습니다. 이러한 분할 납부는 별다른 신청요건에 제한이 없고 신청이 간편한 대신 2개월 이내에 2회에 거쳐 납부해야하는 한계가 있습니다.

반면 조건이 까다로운 대신 더 장기간 동안 여러 차례에 거쳐 납부할 수 있는 연부연납제도도 있는데, 연부연납 신청하여 허가를 받은 경우 그 세액에 대하여는 분할납부를 할 수 없습니다.

즉, 상속세 신고 시 납부해야 할 세액이 2천만 원을 초과하는 때에는 담보를 제공을 하고, 연부연납 신청기한까지 연부연납허가 신청서를 제출하는 경우, 피상속인의 주소지를 관할하는 세무서장의 허가를 받아 10년 동안 분할하여 납부할 수 있습니다. 연부연납은 세금을 할부처럼 나누어 낼 수 있는 제도이므로 가산금이 붙는데 24년 현재 이자율을 연 3.5% 정도입니다.[33] 연부연납신청서를 받은 세무서장은 법이 정한 허가 기한 내에 허가여부를 서면으로 결정·통지하여야 하고 이 경우 해당 기간까지 그 허가 여부에 대한 서면을 발송하지 아니한 때에는 허가를 한 것으로 보고 있습니다. 이때 법정신고기한 내에 상속세 신고를 하는 경우와 신고기한 내에 신고를 하지 않거나 당초 신고한 내용에 탈루 우려가 있어 정부과 세액을 결정하여 납부고지가 있는 경우 신청기한 및 결정기한이 상이한데, 그 기한은 아래와 같습니다. 반드시 신청기한 내에 신청을 하여야 연부연납이 가능하니 기한에 유의하시기 바랍니다.

구분	연부연납신청기한	연부연납허가기한
법정신고기한 이내에 자진신고한 경우	법정신고기한 이내	법정신고기한 경과한 날부터 9개월
무신고 등의 사유로 납부고지한 경우	납부고지서상 납부기한 이내	납부고지서에 따른 납부 기한이 지난날부터 14일 이내

---

33) 이러한 이자율은 자주 변동이 되므로, 신청 당시 이자율을 확인할 필요가 있습니다.

제71조(연부연납)

① 납세지 관할세무서장은 상속세 납부세액이나 증여세 납부세액이 2천만 원을 초과하는 경우에는 대통령령으로 정하는 방법에 따라 납세의무자의 신청을 받아 연부연납을 허가할 수 있다. 이 경우 납세의무자는 담보를 제공하여야 하며, 「국세징수법」 제18조제1항제1호부터 제4호까지의 규정에 따른 납세담보를 제공하여 연부연납 허가를 신청하는 경우에는 그 신청일에 연부연납을 허가받은 것으로 본다.

② 제1항에 따른 연부연납의 기간은 다음 각 호의 구분에 따른 기간의 범위에서 해당 납세의무자가 신청한 기간으로 한다. 다만, 각 회분의 분할납부 세액이 1천만 원을 초과하도록 연부연납기간을 정하여야 한다.

1. 상속세의 경우: 다음 각 목의 상속재산별 구분에 따른 기간

가. 제18조의2에 따라 가업상속공제를 받았거나 대통령령으로 정하는 요건에 따라 중소기업 또는 중견기업을 상속받은 경우의 대통령령으로 정하는 상속재산(「유아교육법」 제7조 제3호에 따른 사립유치원에 직접 사용하는 재산 등 대통령령으로 정하는 재산을 포함한다. 이하 이 조에서 같다.): 연부연납 허가일부터 20년 또는 연부연납 허가 후 10년이 되는 날부터 10년

나. 그 밖의 상속재산의 경우: 연부연납 허가일부터 10년

2. 증여세의 경우: 연부연납 허가일부터 5년

또한 상증세법은 납세보증보험 증권 등 납세담보가 확실한 담보를 제공하여 연부연납 허가를 신청하는 경우에는 그 신청일에 허가받은 것으로 보는 규정이 있으며, 이 경우 허가통지는 불필요합니다. 주요

담보와 제공방법은 아래와 같습니다

납세담보	제공방법
1. 금전이나 유가증권	공탁하고 공탁수령증을 세무서장에게 제출, 다만 등록된 유가증권의 경우에는 담보제공의 뜻을 등록하고 그 등록확인증 제출
2. 납세보증보험증권이나 납세보증서	보험증권이나 보증서를 세무서장에게 제출
3. 토지, 건물, 공장재단, 광업재단, 선박, 항공기 또는 건설기계	등기필증 또는 등록필증을 세무서장에게 제시하고 세무서장은 이에 의하여 저당권 설정을 위한 등기 또는 등록절차를 밟아야 함

나. 상속세의 물납 - 상속세를 물건으로 낼 수 있는 제도

상속세는 현금으로 납부하는 것을 원칙으로 하나, 세액이 다액이고 부동산 등 처분에 상당한 기간이 필요한 경우가 많은 상속재산의 경우 현금으로만 납세해야한다면, 상속인은 커다란 어려움에 처하게 될 것입니다. 이처럼 현금으로 납부하기 곤란한 경우에는 다음 조건을 갖추어 피상속인의 주소지를 관할하는 세무서장의 승인을 받으면 상속받은 재산으로 납부(물납)할 수 있습니다.

물납신청기한(연부연납 신청기한과 동일)

구분	연부연납신청기한	연부연납허가기한
법정신고기한 이내에 자진신고한 경우	법정신고기한 이내	법정신고기한 경과한 날부터 9개월
무신고 등의 사유로 납부고지한 경우	납부고지서상 납부기한 이내	납부고지서에 따른 납부기한이 지난날부터 14일 이내

이때 물납에 충당할 수 있는 부동산과 유가증권은 국내소재 부동산 등인데, 거래소에 상장된 유가증권은 환가가 용이하므로 환가 후 납부하면 되므로, 원칙적으로 물납재산에서 제외되며, 비상장 법인의 주식은 반대로 현금화하기가 어려우므로 원칙적으로 물납재산에서 제외되나, 다른 상속재산을 물납에 충당하더라도 부족한 경우에 한해 예외적으로 물납 대상에 해당합니다.

다만 이러한 물납재산에 해당하더라도 관리와 처분에 부적당할 경우에는 물납이 거부될 수 있는데, 물납신청 대상 부동산에 담보가 설정되어 있거나, 물납신청한 토지에 다른 사람 소유의 건물이 있는 등의 사정으로 국가가 물납재산을 환가하는데 어려움이 있는 경우가 이에 해당합니다.

제74조(물납에 충당할 수 있는 재산의 범위등)
① 법 제73조에 따라 물납에 충당할 수 있는 부동산 및 유가증권은 다음 각호의 것으로 한다.
1. 국내에 소재하는 부동산.
2. 국채·공채·주권 및 내국법인이 발행한 채권 또는 증권과 그 밖에 기획재정부령으로 정하는 유가증권. 다만, 다음 각 목의 어느 하나에 해당하는 유가증권은 제외한다.
가. 거래소에 상장된 것. 다만, 최초로 거래소에 상장되어 물납허가통지서 발송일 전일 현재 「자본시장과 금융투자업에 관한 법률」에 따라 처분이 제한된 경우에는 그러하지 아니하다.
나. 거래소에 상장되어 있지 아니한 법인의 주식등. 다만, 상속의 경우로서 그 밖의 다른 상속재산이 없거나 제2항 제1호부터 제3호까지의 상속재산으로 상속세 물납에 충당하더라도 부족하면 그러하지 아니하다.

제71조(관리·처분이 부적당한 재산의 물납)
① 세무서장은 법 제73조 제1항에 따라 물납신청을 받은 재산이 다음 각 호의 구분에 따른 사유로 관리·처분상 부적당하다고 인정하는 경우에는 그 재산에 대한 물납허가를 하지 않거나 관리·처분이 가능한 다른 물납대상재산으로의 변경을 명할 수 있다.

1. 제74조 제1항 제1호에 따른 부동산의 경우: 다음 각 목의 어느 하나에 해당하는 경우.

가. 지상권·지역권·전세권·저당권 등 재산권이 설정된 경우.

나. 물납신청한 토지와 그 지상건물의 소유자가 다른 경우.

다. 토지의 일부에 묘지가 있는 경우.

라. 가목부터 다목까지의 규정에 따른 사유와 유사한 사유로서 관리·처분이 부적당하다고 기획재정부령으로 정하는 경우.

2. 제74조 제1항 제2호에 따른 유가증권: 다음 각 목의 어느 하나에 해당하는 경우.

가. 유가증권을 발행한 회사의 폐업 등으로 「부가가치세법」 제8조 제9항에 따라 관할 세무서장이 사업자등록을 말소한 경우.

나. 유가증권을 발행한 회사가 「상법」에 따른 해산사유가 발생하거나 「채무자 회생 및 파산에 관한 법률」에 따른 회생절차 중에 있는 경우.

다. 유가증권을 발행한 회사의 물납신청일 전 2년 이내 또는 물납신청일부터 허가일까지의 기간이 속하는 사업연도에 「법인세법」 제14조 제2항에 따른 결손금이 발생한 경우. 다만, 납세지 관할 세무서장이 「한국자산관리공사 설립 등에 관한 법률」에 따라 설립된 한국자산관리공사와 공동으로 물납 재산의 적정성을 조사하여 물납을 허용하는 경우는 제외한다.

라. 유가증권을 발행한 회사가 물납신청일 전 2년 이내 또는 물납신청일부터 허가일까지의 기간이 속하는 사업연도에 「주식회사 등의 외부감사에 관한 법률」에 따른 회계감사 대상임에도 불구하고 감사인의 감사보고서가 작성되지 않은 경우.

마. 가목부터 라목까지의 규정에 따른 사유와 유사한 사유로서 관리·처분이 부적당하다고 기획재정부령으로 정하는 경우.

다. 문화재 자료 등에 대한 특례

　상증세법은 역사적 학술적 예술적인 가치가 있는 문화재나 미술품의 보존·관리·활용을 지원하기 위하여 문화재 자료 등에 대한 상속세 징수유예 제도 및 문화재 및 미술품에 대한 상속세 물납 특례제도를 시행하고 있습니다. 두 제도의 경우 대상이 되는 문화재가 완전히 동일하지는 않으므로 주의가 필요하다고 할 것입니다.

　　제74조(지정문화재 등에 대한 상속세의 징수유예)
　　① 납세지 관할세무서장은 상속재산 중 다음 각 호의 어느 하나에 해당하는 재산이 포함되어 있는 경우에는 대통령령으로 정하는 바에 따라 계산한 그 재산가액에 상당하는 상속세액의 징수를 유예한다.
　　1. 「문화재보호법」 제2조 제3항 제3호에 따른 문화재자료 및 같은 법 제53조 제1항에 따른 국가등록문화재(이하 이 조에서 "문화재자료등"이라 한다.)와 같은 법에 따른 보호구역에 있는 토지로서 대통령령으로 정하는 토지
　　2. 「박물관 및 미술관 진흥법」에 따라 등록한 박물관자료 또는 미술관자료로서 같은 법에 따른 박물관 또는 미술관(사립박물관이나 사립미술관의 경우에는 공익법인등에 해당하는 것만을 말한다.)에 전시 중이거나 보존 중인 재산(이하 "박물관자료등"이라 한다.)
　　3. 「문화재보호법」에 따른 국가지정문화재 및 시·도지정문화재와 같은 법에 따른 보호구역에 있는 토지로서 대통령령으로 정하는 토지(이하 이 조에서 "국가지정문화재등"이라 한다.)

제75조의2(문화재 등에 대한 물납 신청)
① 법 제73조의2 제1항 각 호 외의 부분에서 "대통령령으로 정하는 문화재 및 미술품"(이하 이 조, 제75조의3부터 제75조의5까지에서 "문화재등"이라 한다.)이란 다음 각 호의 것(부동산은 제외한다.)을 말한다.
1. 「문화재보호법」에 따른 유형문화재 또는 민속문화재로서 같은 법에 따라 지정 또는 등록된 문화재.
2. 회화, 판화, 조각, 공예, 서예 등 미술품.

〈상속세 계산표〉

1. 본래 상속재산 가액	
+	• 보험금, 퇴직금 등(간주상속재산 가액) • 현금인출액, 채무 부담액(추정상속재산 가액)
2. = 총 상속재산가액	
-	• 국가 등에 유증한 재산, 금양임야 및 묘토 등 가액, 공익 법인 출연재산 가액, 공익신탁 재산가액(비과세 재산가액 및 과세가액 불산입액)
3. = 상속세 과세 대상 재산가액	
-	• 공과금, 장례비, 채무
+	• 사전 증여 재산
4. = 상속세 과세가액	
-	• 기초공제, 배우자공제, 일괄 공제 등(상속공제) • 금융재산 공제 등 • 가업상속공제, 영농상속공제 등(상속공제)

	• 감정평가 수수료
5. = 상속세 과세표준	
×	• 상속세율(10~50%)
6. = 산출세액	
+	• 피상속인의 자녀가 아닌 손자에게 상속할 경우(세대생략가산세)
7. = 산출세액 합계액	
-	• 세액 공제(증여세액, 외국납부세액, 단기재상속, 신고세액)
+	• 가산세(신고불성실, 납부지연 가산세 등)
-	• 분납, 연부연납, 물납 등
8. = 자진납부할 세액	

11.

상속세의 부과 제척기간과 소멸시효
- 상속세는 언제까지 부과되는가?

제척기간은 일정한 권리에 대하여 법이 정하는 존속기간을 말하며, 이 기간이 만료하면 권리는 소멸하게 됩니다. 통상 국세의 경우 제척기간이 5년이나 국세기본법은 상속세에 대하여 부과 제척기간을 10년으로 정하고 있으며, 이 기간이 경과하게 되면 국가는 더 이상 상속세를 부과할 수 없게 됩니다. 다만, 납세자가 사기 기타 부정한 행위로 상속 증여세를 포탈하거나 환급·공제받은 경우, 무신고 허위신고 누락신고의 경우에는 더욱 기간을 연장하여 15년으로 제척기간을 정하고 있습니다.

이처럼 상속세의 경우 장기간의 제척기간을 정한 이유는 상속세의 특성상 상속인이 사망신고를 하지 않는다면, 과세관청이 이를 파악하기 어려운 경우가 많고, 따라서 사망신고나 상속등기를 하지 않아 제척기간이 도과되는 것을 방지하기 위한 것입니다. 또한 이와는 별도로 외국재산이나 골동품, 서화와 같이 과세관청이 이를 파악하기 어려운 재산을 취득한 경우에는 과세관청이 이를 안날로부터 1년 이내에 상속세를 부과할 수 있도록 규정하고 있습니다.

제26조의2(국세의 부과제척기간)

④ 제1항 및 제2항에도 불구하고 상속세·증여세의 부과제척기간은 국세를 부과할 수 있는 날부터 10년으로 하고, 다음 각 호의 어느 하나에 해당하는 경우에는 15년으로 한다. 부담부증여에 따라 증여세와 함께 「소득세법」 제88조제1호 각 목 외의 부분 후단에 따른 소득세가 과세되는 경우에 그 소득세의 부과제척기간도 또한 같다.

1. 납세자가 부정행위로 상속세·증여세를 포탈하거나 환급·공제받은 경우

2. 「상속세 및 증여세법」 제67조 및 제68조에 따른 신고서를 제출하지 아니한 경우

3. 「상속세 및 증여세법」 제67조 및 제68조에 따라 신고서를 제출한 자가 대통령령으로 정하는 거짓신고 또는 누락신고를 한 경우(그 거짓신고 또는 누락신고를 한 부분만 해당한다.)

⑤ 납세자가 부정행위로 상속세·증여세(제7호의 경우에는 해당 명의신탁과 관련한 국세를 포함한다.)를 포탈하는 경우로서 다음 각 호의 어느 하나에 해당하는 경우 과세관청은 제4항에도 불구하고 해당 재산의 상속 또는 증여가 있음을 안 날부터 1년 이내에 상속세 및 증여세를 부과할 수 있다. 다만, 상속인이나 증여자 및 수증자(受贈者)가 사망한 경우와 포탈세액 산출의 기준이 되는 재산가액(다음 각 호의 어느 하나에 해당하는 재산의 가액을 합친 것을 말한다.)이 50억 원 이하인 경우에는 그러하지 아니하다.

1. 제3자의 명의로 되어 있는 피상속인 또는 증여자의 재산을 상속인이나 수증자가 취득한 경우.

2. 계약에 따라 피상속인이 취득할 재산이 계약이행기간에 상속이 개시됨으로써 등기·등록 또는 명의개서가 이루어지지 아니하고 상속인이 취득한 경우.

3. 국외에 있는 상속재산이나 증여재산을 상속인이나 수증자가 취득한 경우.

4. 등기·등록 또는 명의개서가 필요하지 아니한 유가증권, 서화(書畵), 골동품 등 상속재산 또는 증여재산을 상속인이나 수증자가 취득한 경우.

5. 수증자의 명의로 되어 있는 증여자의 「금융실명거래 및 비밀보장에 관한 법률」 제2조 제2호에 따른 금융자산을 수증자가 보유하고 있거나 사용·수익한 경우.

6. 「상속세 및 증여세법」 제3조 제2호에 따른 비거주자인 피상속인의 국내 재산을 상속인이 취득한 경우.

7. 「상속세 및 증여세법」 제45조의2에 따른 명의신탁재산의 증여의제에 해당하는 경우.

8. 상속재산 또는 증여재산인 「특정 금융거래정보의 보고 및 이용 등에 관한 법률」에 따른 가상자산을 같은 법에 따른 가상자산사업자(같은 법 제7조에 따라 신고가 수리된 자로 한정한다.)를 통하지 아니하고 상속인이나 수증자가 취득한 경우.

한편, 위와 같은 제척기간과는 별도로 소멸시효 제도도 있습니다. 소멸시효는 권리를 가지고 있는 자가 그 권리의 행사가 가능했음에도 불구하고 일정 기간 동안 권리를 행사하지 않을 경우 그 권리를 소멸시키는 제도를 말합니다.

국세기본법은 국세의 징수를 목적으로 하는 국가의 권리(이하 이 조에서 "국세징수권"이라 한다.)는 이를 행사할 수 있는 때부터 5억 원 이상의 국세채권은 10년, 그 밖의 것에 대해서는 5년 간 행사하지 않으면 소멸시효가 완성된다고 규정하고 있습니다. 이때 행사할 수 있는 때라 함은 상속세의 경우 납부고지에 따른 납부기한의 다음 날을 의미합니다. 한편 납부고지나 독촉만 하더라도 소멸시효는 중단되고 납부고지나 독촉에 의한 납부기한의 다음 날부터 소멸시효는 새로 시작하므로, 현실적으로 조세채무가 소멸시효가 완성되는 경우는 많지 않다고 할 것입니다.

제27조(국세징수권의 소멸시효)

① 국세의 징수를 목적으로 하는 국가의 권리(이하 이 조에서 "국세징수권"이라 한다.)는 이를 행사할 수 있는 때부터 다음 각 호의 구분에 따른 기간 동안 행사하지 아니하면 소멸시효가 완성된다. 이 경우 다음 각 호의 국세의 금액은 가산세를 제외한 금액으로 한다.

1. 5억 원 이상의 국세: 10년

2. 제1호 외의 국세: 5년

② 제1항의 소멸시효에 관하여는 이 법 또는 세법에 특별한 규정이 있는 것을 제외하고는 「민법」에 따른다.

③ 제1항에 따른 국세징수권을 행사할 수 있는 때는 다음 각 호의 날을 말한다.

1. 과세표준과 세액의 신고에 의하여 납세 의무가 확정되는 국세의 경우 신고한 세액에 대해서는 그 법정 신고납부기한의 다음 날

2. 과세표준과 세액을 정부가 결정, 경정 또는 수시부과결정하는 경우 납부고지한 세액에 대해서는 그 고지에 따른 납부기한의 다음 날

제28조(소멸시효의 중단과 정지)

---

① 제27조에 따른 소멸시효는 다음 각 호의 사유로 중단된다.

1. 납부고지

2. 독촉

3. 교부청구

4. 압류(「국세징수법」 제57조 제1항 제5호 및 제6호의 사유로 압류를 즉시 해제하는 경우는 제외한다.)

② 제1항에 따라 중단된 소멸시효는 다음 각 호의 기간이 지난 때부터 새로 진행한다.

1. 고지한 납부기간

2. 독촉에 의한 납부기간

3. 교부청구 중의 기간

12.
상속세 부과처분에 대한 불복
- 납부고지된 상속세가 부당할 경우에는?

상속세는 정부가 조사·결정을 통하여 납세의무가 확정되는 세금으로, 상속세 신고 후 과세관청은 조사를 거쳐 상속세 납부고지를 하게 됩니다. 이때 납부고지한 금액을 확인한 후 타당하지 않다고 생각하여 불복을 하고자 한다면, 납세고지서를 받은 날로부터 90일 이내에 △국세청 심사청구 △조세심판원 심판청구 △감사원 심사청구 절차 중 하나를 선택해 관련 불복 관련 서류를 접수해야 합니다.

이때 바로 소송을 제기할 수는 없으며, 반드시 위 절차 중 하나를 거친 후에 그 결과에 대하여도 불복할 경우 통지서를 받은 날로부터 90일 이내 소송을 제기하여야 합니다. 또한 관할 세무서나 지방청에 과세가 적법·정당한지 검토해 줄 것을 요청하는 내용의 이의신청을 해 볼 수도 있는데, 이러한 이의신청에 대한 불복은 국세청 심사청구나, 조세심판원 심판청구만 가능하며, 감사원에 대한 심사청구는 할 수 없습니다.

이러한 불복절차는 불복기간이 90일로 정해져 있어 유의가 필요하며, 여러 가지 사정을 고려하다가 기간을 놓치게 되는 경우, 특별한 사정이 있어 과세처분이 무효가 되는 경우가 아닌 이상 이에 대하여 다툴 수 없고, 세금을 납부해야 합니다. 또한 상속인들 중 일부만 불복절차를 진행하고 나머지 상속인들은 불복절차를 진행하지 않은 경우, 추후 불복 주장이 받아들여져 상속세 과세처분이 취소되더라도 불복절차를 진행하지 않았던 상속인들에게 부과된 세금은 취소되지 않으며, 불복 비용에 관하여도 다툼이 있을 수 있고, 상호 간의 주장이 일치하지 않는다면 불복절차에도 불리한 영향을 미칠 수 있으므로, 가능하다면 상속인들 사이에 충분한 협의를 거쳐 함께 절차를 진행하는 것이 좋습니다.

국세기본법
제56조(다른 법률과의 관계)
② 제55조에 규정된 위법한 처분에 대한 행정소송은 「행정소송법」 제18조 제1항 본문, 제2항 및 제3항에도 불구하고 이 법에 따른 심사청구 또는 심판청구와 그에 대한 결정을 거치지 아니하면 제기할 수 없다. 다만, 심사청구 또는 심판청구에 대한 제65조 제1항 제3호 단서(제80조의2에서 준용하는 경우를 포함한다.)의 재조사 결정에 따른 처분청의 처분에 대한 행정소송은 그러하지 아니하다.
③ 제2항 본문에 따른 행정소송은 「행정소송법」 제20조에도 불구하고 심사청구 또는 심판청구에 대한 결정의 통지를 받은 날부터 90일 이내에 제기하여야 한다. 다만, 제65조 제2항 또는 제80조의2에 따른 결정기간에 결정의 통지를 받지 못한 경우에는 결정의 통지를 받기 전이라도

그 결정기간이 지난 날부터 행정소송을 제기할 수 있다.

제61조(청구기간)
① 심사청구는 해당 처분이 있음을 안 날(처분의 통지를 받은 때에는 그 받은 날)부터 90일 이내에 제기하여야 한다.
② 이의신청을 거친 후 심사청구를 하려면 이의신청에 대한 결정의 통지를 받은 날부터 90일 이내에 제기하여야 한다. 다만, 다음 각 호의 어느 하나에 해당하는 경우에는 해당 호에서 정하는 날부터 90일 이내에 심사청구를 할 수 있다.

제66조(이의신청)
① 이의신청은 대통령령으로 정하는 바에 따라 불복의 사유를 갖추어 해당 처분을 하였거나 하였어야 할 세무서장에게 하거나 세무서장을 거쳐 관할 지방국세청장에게 하여야 한다. 다만, 다음 각 호의 경우에는 관할 지방국세청장에게 하여야 하며, 세무서장에게 한 이의신청은 관할 지방국세청장에게 한 것으로 본다.

제68조(청구기간)
① 심판청구는 해당 처분이 있음을 안 날(처분의 통지를 받은 때에는 그 받은 날)부터 90일 이내에 제기하여야 한다.

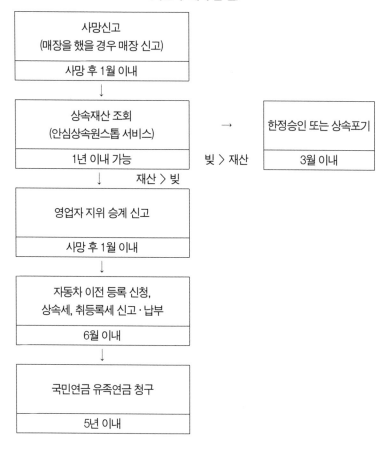

〈사망 후 해야 할 일〉

사망신고 (매장을 했을 경우 매장 신고)
사망 후 1월 이내

↓

상속재산 조회 (안심상속원스톱 서비스)	→	한정승인 또는 상속포기
1년 이내 가능	빚 〉 재산	3월 이내

↓ 재산 〉 빚

영업자 지위 승계 신고
사망 후 1월 이내

↓

자동차 이전 등록 신청, 상속세, 취등록세 신고 · 납부
6월 이내

↓

국민연금 유족연금 청구
5년 이내

〈기타 사항〉

● 고인 명의의 휴대폰 등 해지 신청

- 만약 한정승인이나 상속포기를 할 의사가 있는 경우에는 미납요

금은 상속인의 재산으로 변제하는 것이 안전합니다.

● 고인 명의의 자동차 등기 이전 또는 매각

- 상속으로 인하여 자동차는 상속인의 소유가 되어 상속인은 자동차 책임보험 가입의무, 검사의무 등을 부담하며, 이를 게을리할 경우 과태료 부과 대상이 됨을 유의하여야 하며, 6월 이내에 자동차 이전 등록을 신청하여야 합니다.

- 이때, 피상속인 명의의 기존의 자동차 보험은 해약하고 해약환급금은 상속재산에 포함시키며, 상속인은 새로운 보험에 가입하는 것이 원칙입니다.

- 만약 한정승인을 할 경우에는 자동차 명의이전은 단순승인으로 볼 여지가 있으므로 한정승인 절차가 끝나기 전까지 명의 이전을 하는 것은 자제할 필요가 있습니다. 이때 관공서는 6월 이내에 명의이전을 하지 않았다는 이유로 과태료를 부과할 경우가 있는데, 이 경우 받아줄지 명확하지는 않으나, 한정승인절차 진행 중임을 이유로 이의를 신청할 필요가 있습니다.

● 직장이나 학교 등 유족 급여와 퇴직금 등 신청

제5장

마치며

최근 일부 조정이 이루어지기는 했지만 우리나라의 부동산 가격이 많이 오르면서 상속은 더 이상 남의 얘기가 아니게 되었습니다. 과거에는 5억 원(설명드렸듯이 5억 원까지는 일괄공제되어 세금을 납부하지 않습니다.)을 넘는 금액을 상속받는 경우가 흔하지 않았지만 서울 시내 아파트 중위 값이 9억 원을 넘어가면서 서울 시내 소재 아파트 한 채를 물려주기만 해도 상속세가 부과되는 경우가 많아졌기 때문입니다.

또한 상속재산의 규모가 커짐에 따라 상속재산 관련 분쟁도 점차 늘어나는 추세입니다. 한 기사에 따르면 상속재산 관련 분쟁이 최근 8년 사이에 3.6배나 증가하였다고 합니다. 과거 나라와 국민들이 가난하여 상속재산의 규모가 작았을 때에는 상속분쟁은 주로 부자들 사이에서 발생하는 일이었으나, 이제 부동산 가격의 상승으로 상속재산의 규모가 커져 이러한 상속분쟁은 더 이상 부자들의 전유물이 아니게 되었습니다. 분쟁을 일으키기 않기 위해 상속을 받지 않고 본인의 능력만으로 살기에는 너무나 부동산 값이 올라 스스로의 힘만으로 서울에 자가로 아파트를 마련하기 어려운 것도 현실입니다.

따라서 요즘 시대에는 상속에 대하여 잘 알고 상속을 준비할 필요가 있습니다.

앞서의 야곱과 에서의 이야기로 돌아가 보면 에서가 상속법을 알았더라면 에서는 팥죽 하나로 팔아넘긴 자신의 장자권(상속권)은 상속권의 사전포기로 유효하지 않음을 주장하며 야곱을 상대로 상속회복청구권을 행사할 수 있을 것입니다.

또한 흥부와 놀부 이야기에서도 흥부는 형인 놀부를 상대로 아버지의 유언의 효력을 다투거나, 형이 참칭상속인으로서 자신의 상속권을 침해하였음을 이유로 소송을 제기할 수 있었을 것입니다. 또한 설령 아버지가 놀부에게 재산을 모두 주기로 했다고 하더라도 적어도 유류분은 청구할 수 있었을 것입니다. 이처럼 상속에 대하여 기본 지식이 있느냐 없느냐에 따라 분쟁의 모습과 결과들은 달라질 수 있습니다.

상속 절차에 전문가의 도움을 받더라도 어떠한 도움을 어떻게 받을지 상속인 스스로가 어느 정도 알고 준비할 필요는 있으며, 또한 지식이 있어야 필요 없는 절차와 비용을 들이는 일이 없을 것입니다.

본 책이 상속을 준비하고 상속에 대하여 알고자 하는 여러분들에게 도움이 되기를 바랍니다.

변호사가 읽어 주는 쉬운 상속법

ⓒ 이충호, 2024

초판 1쇄 발행 2024년 11월 6일

지은이   이충호
펴낸이   이기봉
편집   좋은땅 편집팀
펴낸곳   도서출판 좋은땅
주소   서울특별시 마포구 양화로12길 26 지월드빌딩 (서교동 395-7)
전화   02)374-8616~7
팩스   02)374-8614
이메일   gworldbook@naver.com
홈페이지   www.g-world.co.kr

ISBN   979-11-388-3665-4 (03360)